鼻めがねという暴力

どうすれば認知症の人への虐待を止められるか

Hanamegane-toiu-Bouryoku

著 林田俊弘

haru no sora

今日、私には夢がある。

マーティン・ルーサー・キング・ジュニア、１９６３

PROLOGUE

まえがき

虐待の穴に落ちかけた私

私は、20年ほど前、介護職として特別養護老人ホームで働いていました。

それは、夜勤をしていたときでした。夜勤は職員2人で約50名の入居者さんを介助し、見守りをします。時間は16時から翌朝9時まで。夜間、定時のおむつ交換を5～6回行うことになっていました。

その日は、もう一人の職員が「林田くん、私、今日体調悪いから4時間休憩していい？」と言ってきました。つまり、私の休憩時間も自分にくれないかというのです。私は、当時20代半ば。相手は40代半ばのちょっと怖い女性でした。もう、イチもニもなく「大丈夫ですよ！」と。そう言った以上、一人で頑張るしかありませんでした。

深夜0時頃のおむつ交換は、だいたい20人から25人だったと思います。

それを始めたときでした。遠くのほうで全開の蛇口から水が「ザーッ」とあふれる音が聞こえます。慌てて音のするほうへ向かって走っていくと、居室（4人部屋）についている洗面台から水が勢いよく出ていて、今にも洗面台から水があふれそうになっていました。私は急いで蛇口を閉めました。近くには、入居者のKさんが立ちすくんでいました。たぶんKさんが蛇口をひねったのでしょう。

Kさんは、私がデイサービスから特養に配置換えになったときに入居してきた方です。なんとなく馬が合い、〝同期〟のように感じていました。昼間は、体操をされたり、陽気に話をされたりしますが、この頃は認知症の症状から落ち着かなくなり、睡眠薬の投与などもあり、昼夜逆転がみられていました。

水を止めた私は、Kさんをベッドのほうに誘導し、おむつ交換の続きに戻りました。それから2～3時間後。再びおむつ交換を始めたとき、さっきと同じ方角から水が出る音がします。あっと思い、部屋に駆けつけると、やはりKさんが立ちすくみ、洗面台から床へと水があふれていました。滑ると危ないので、バスタオルを持ってきてすぐに拭き取りました。そして、またKさんをベッドに誘導し、就寝を促しました。このとき、私は心の中でこう思っていました。「いい加減にしてよ」。

それからまた2~3時間後。明け方4時近く、夜勤帯での最後のおむつ交換です。私はこの時間がもっとも苦手でした。疲れと眠気。この日は、一人ですべてしなければならなかったことに対する不満と怒りがつのっていました。そのような状態のときに、また水の音……。

「あっ、まただ!」。私は、あの部屋へ飛んで行きました。やっぱり水があふれています。先ほどよりたくさん水がこぼれています。しかも、トイレの便器からも水や便が流れ出ています(その部屋には、洗面台の反対側にアコーディオンカーテンで仕切られたトイレが1つありました)。

「あああああー」。蛇口を閉めて、アコーディオンカーテンを開けると、そこには足や手にうんこをこびりつかせたKさんがいました。おそらくKさんは、尿とりパッドをトイレに流してしまったのでしょう。それによってトイレが詰まったのだと思います。

Kさんの体を拭き、着替えの介助が必要でした。Kさんはリハビリパンツを履いていました。それを脱ぐには、横を破けば簡単です。でも、履くのは至難の業です。なぜなら立ったまま履いてもらおうとすると、片足立ちにならないといけません。いすを持ってくればよかったのですが、そのときの私にそんな余裕はありませんでした。なぜなら、たくさんの入居者さんの排泄介助が遅れていたからです。

仕事が遅れていれば、休憩明けの女性職員に「林田君、全然できてないじゃない」と言われるに決まっています。この時間帯の排泄介助が遅れると、起床介助も遅れて、食事介助も遅れて、早番で出勤してきた職員に非難される可能性もあります。さらに、食事介助が遅れると、調理場にも迷惑をかけます。私の頭の中は、焦りと眠気と疲労とで思考できない状況でした。

そんな状況のなか、Kさんに足を挙げてもらおうと、私はひざまずいて、「Kさん、こっちの足を挙げてください」と必死に言います。ところが、Kさんは片足になることが不安なのか、言うとおりにしてくれません。Kさんの手を取り、「私の肩をつかんでいいから。足を挙げて」。うんこの付いたKさんの手ががっしりと私の肩をつかみます。うんこの匂いがするなか、「この上着、着替える時間があるかな」などと余計なことが頭をよぎります。あまりにもKさんが足を挙げてくれないので、なかば強引に足を持ち上げようとしますが、ますます足を踏ん張るような状況です。その瞬間、嘘ではなく、私の頭の中に〝善悪メーター〟が浮かび、矢印が善から悪へ振り切れる音がしました。

「Kさんの腹を殴ろうかな」。イライラしてということではなく、殴ることでKさんの体が屈曲し、床に横にしてからリハビリパンツや衣類の交換をすればいいやと思ったのです。正常な思考や判断ができなくなっている状況でした。

結局、私はこの最後の一線を越えることなく、現在までこの仕事を続けることができています。それは、たまたま洗面台の鏡が目に入ったからでした。ひざまづいていた私は、車いす用に前傾している鏡をちょうど見ることができました。そこにいたのは、「Kさん、足を挙げてください」などと丁寧な言葉を使っているものの、〝夜叉《やしゃ》〟の顔をした私そのものでした。

夜叉になった自分を見たとき、ふと我に返りました。そして、「あー、自分もしょせん偽善者なんだな」と気づいたのです。周りの職員から、認知症の症状が激しいKさんの扱いがうまいなどと持ち上げられ、Kさんだったら言うことを聞かせられると思い上がっていた自分のなれの果ての姿がその鏡の中にありました。

そもそも、他の職員から「Kさんの扱いが……」などと言われたときに、Kさんを「物」のように表現していることを戒めるべきです。また、「言うことを聞かせられる」など、甚だしい思い上がりです。それに気づいていなかったのも、こうした心理状態になる遠因であったことは間違いありません。

一皮むいたら偽善者の私。そして、いざ追い込まれると夜叉に――。そう自覚をした瞬間に、急に肩の力が抜けました。

女性職員に何か言われたら、「あなたのぶんもやっておいたのでね」と言い返せばいい。食事が多少遅れたって死ぬわけではないし。イライラを爆発させてKさんに暴力をふるうほうが、よっぽど誰のためにもならないし。そんな開き直りにも似た気持ちになりました。そのときでした。私の心を見透かしたかのように、Kさんが挙げてほしかった足をスッと挙げてくれたのでした。

◆◆◆◆

当時のこのことを回想するのは、私にとって本当につらく、心苦しいことです。情けないとも思います。しかし、こうして書いたのは、同じような体験をしている介護職がたくさんいるだろうと思うからです。人に話せずに退職したり、介護の仕事を辞めてしまったり、あるいは実際に虐待に及んでしまったりする人が少なくないと想像するからです。私の体験談が、少しでもこのような人たちの現状を好転させるきっかけになればと思うからです。

私の例のように、介護現場で苛立ったり我を忘れてしまったりするような状態が日常化していくと、恐ろしいことに、認知症状態にある弱い立場の方に対して、暴言を吐いたり、暴力をふるったりするという選択をしかねません。自分自身を省みたり、内面と闘ったりする前に、簡単に自己を正当化し、「認知症だから仕方がない」「相手が悪い」などと考えてしまうのです。そこに至る要因には、人手不足の現場において、多忙を極め、「仕方がない」「無理だ」「昔からやっているし……」といった思考停止なども存在します。

もう一つ、とても怖い現象があります。それは、虐待は止められなくなる可能性があるということです。

ほとんどの介護職は、「虐待なんかしない」「してはいけない」と考えています。精神的な苛立ちや判断力の低下はあっても、そこで留まります。また、自らストレスの緩和を心がけ、さまざまな方法で虐待を遠ざけます。あるいはそこに近づいたことで、罪悪感や後悔の念から退職などを選択します。

しかしながら、これを乗り越えられずに虐待を続けてしまう人たちがいます。結局のところ、徐々に感覚が麻痺していっているのです。感覚が麻痺するだけではなく、虐待を行うことでストレスを解消したり、スッキリする感覚を味わったり、あるいは興奮を覚えたりして、それを脳が快感ととらえていることもあります。そうなってしまうと、意図的に虐待に走ってしまうようになります。こうなれば、もう防ぐことも避けることもできません。この状況になると、完全に虐待という犯罪に手を染めてしまっているといえます。こうした虐待はこっそりと行われることがほとんどですので、対策や原因の究明が遅れかねません。

最近、福祉施設における虐待事件のニュースが後を絶ちません。介護職による虐待はどこまで広がっているのでしょうか。とても大きな不安に駆られます。

この本は、私なりに認知症状態にある方への虐待に関する情報や意見・考えをまとめたものです。私の体験を中心に書かせていただいたので、その内容は介護施設やグループホームが中心となっています。しかし、虐待は施設やグループホーム以外でも起きます。さまざまな状況を想定して読んでいただければと思います。

CONTENTS

PART 1 魔の3ロックと虐待

1 魔の3ロック …… 23
2 無自覚の虐待 …… 35
3 なぜ認知症の人は虐待を受けやすいのか …… 40
4 介護職も追い込まれている …… 46

PART

2 虐待に至る不適切な対応とは

1 友達口調・命令口調 …… 54
2 ため息・舌打ち …… 58
3 あざけり・からかい …… 60
4 不適切な対応の本質とは …… 65

PART 3

うちの施設で虐待がありました

1 不適切な対応の芽 …… 70
2 不適切な対応の深刻化 …… 78
3 虐待への道 …… 82
4 虐待発生直後に行ったこと …… 88
5 虐待事件がもたらしたもの …… 92

PART 4 虐待へつながる道を断つ …… 97

PART 5 虐待を起こさないためにできること

1 目的を共有する …… 108
2 コミュニケーションを高める …… 111
3 言いにくいことを言い合う …… 115
4 気づきを深める体験 …… 118

5 研修と仕事における脳をつなぎ合わせる …… 121
6 拘束などの体験 …… 124
7 センター方式を使う …… 130
8 ビデオ撮影で客観視 …… 133
9 面談を重ねる …… 136
10 記録と事故報告書 …… 142

本書の中では、「認知症状態にある方」という表現を用いています。「認知症の人」や「認知症高齢者」ではなく、そう表現している理由は、その方の全人格が認知症というわけではないと考えるからです。その方の人間性そのものには問題はありませんし、認知症という症状がある瞬間や状況においてだけ、生活や能力が阻害されているにすぎないからです。

PART 1

魔の3ロックと虐待

福祉関係のテキストには、「養老院」から「特別養護老人ホーム」、そして「地域での生活」といった高齢者介護の歴史について触れられています。そこには、年号とともに施行された法律・制度などが記されています。これらは、いわゆる表側の歴史です。一方、裏側の歴史とは何でしょうか。そう、それは虐待の歴史だと私は考えます。いえ、その虐待の歴史こそが本質（表側）といえなくありません。

たとえば、2000年に施行された介護保険法におけるグループホーム（認知症対応型共同生活介護）を例にとってみてもわかります。かつて「痴呆」といわれていた認知症の方たちは、病院や施設に入れられ、当たり前のように手足を縛られて拘束されていました。自宅でもネグレクト（放置・放棄）のようなことが散見されました。グループホームは、そうした反省から、認知症の方たちが自分らしく、そして安心して暮らせる場として生まれたものです。

つまり、制度や新しいケアは、そうしたひどい状況を見るに見かねた医療職や介護職によって繰り返し作り上げられてきた歴史といえます。常に先んじてひどい状況があったという意味で、それは虐待の歴史なのです。

1 魔の3ロック

20年ほど前、私が特別養護老人ホーム（以下、特養）で働いていた頃というのは、お年寄りの身体拘束や行動抑制をなくそうとする運動が盛んになり始めた頃でした。身体拘束や行動抑制は、象徴的に「魔の3《スリー》ロック」とよばれていました。

「魔の3ロック」とは、本人の意思を確認したり尊重したりすることなく、介護職の都合で行う3つの行動制限です。具体的には次の3つを指します。

◆スピーチロック……言葉で行動を制限すること
◆ドラッグロック……必要のない、もしくは必要以上の薬を使用し、行動を制限すること
◆フィジカルロック……ひも・ベルト・抑制帯などを使って行動を制限すること

魔の3ロックを強いられる認知症状態にある方は、心身の状態が悪化します。体や脳が破壊されていくことにもまして、自由を奪われるということは、生きていく力を奪われることにほかなりません。私が、介護という仕事の恐ろしさを感じ、そしてこの仕事に対し心して向き合うようになったのも、こうした生きる力を奪われた認知症状態にある方たちを目撃したことから始まります。

スピーチロック

スピーチロックとは、言葉によって行動を制限したり禁止したりすることを指します。たとえば、認知症状態にある方が、他の入居者さんの居室に行こうとしたときに「○○さん、そこは行っちゃダメ」などと行動を禁じるものです。他に、「さっきも言ったでしょ」「なんでそんなことをするの」「言うとおりにして」などの例もそれにあたります。

魔の3ロック

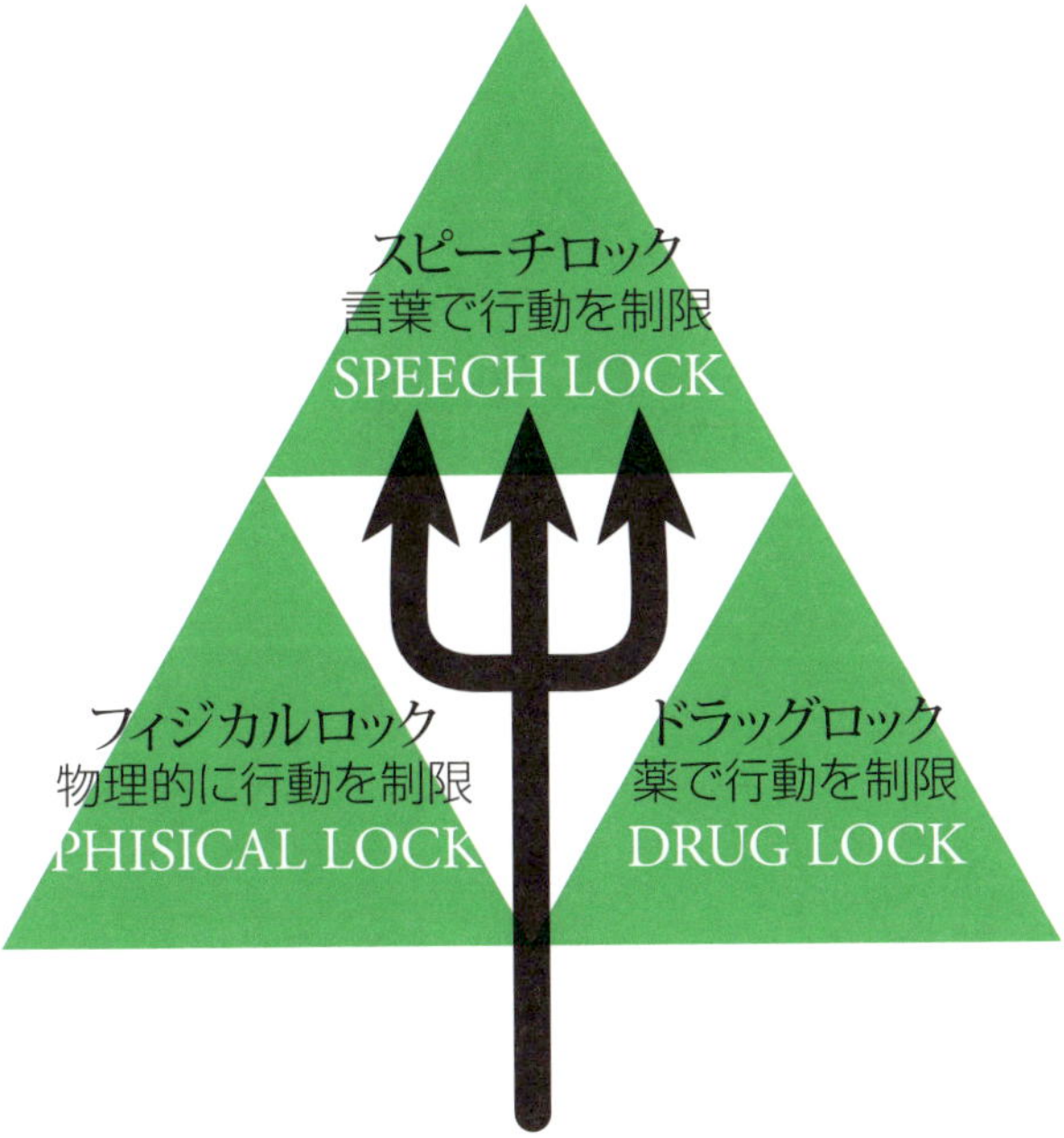
スピーチロック
言葉で行動を制限
SPEECH LOCK
フィジカルロック
物理的に行動を制限
PHISICAL LOCK
ドラッグロック
薬で行動を制限
DRUG LOCK

「帰りたい」と言って席を立ち、歩き出そうとしているところを、「○○さん、どこに行くのですか?」と、先回りして行動を確認するのもそうです。このように先回りをされると、言われた本人は監視されていると感じます。監視というのは、精神的に大変な苦痛をもたらす行為です。

スピーチロックは、一人の職員が1回言うだけであっても、複数の職員が同様のことをすれば、本人は常に否定されたり禁止されたりしている感覚になります。それは認知症状態にある方にとって、大きなダメージとなることは間違いありません。

ドラッグロック

ドラッグロックとは、必要のない、もしくは必要以上の薬、たとえば精神安定剤や睡眠剤などを使用し、行動を制限することです。フィジカルロックに比べ、一見苦痛が少なそうに思えますが、体への影響は甚大です。

これは私が特養にいたときの話です。入居者のYさんは、服薬管理がうまくいっていなかったため、日中ボーッとしている一方、夜間に活動する生活になっていました。昼間は、お饅頭の包み紙を開けることができず、そのまま口に持っていってしまうような状況です。いわゆる「昼夜逆転」でした。

深夜、薄暗い廊下の奥から人影がぼうっと浮かび上がってきました。ちょっとぞくっとしました。Yさんが、廊下をぐるぐると歩いていました。

次の瞬間、「カリッ」「ポリッ」と音がすることに気づきました。慌てて駆け寄ると、Yさんはポリデント(入れ歯洗浄剤)の徳用サイズの箱を小脇に抱えていました。そして、袋の端を器用に破き、錠剤を一錠一錠取り出して口に入れていました。「それ食べないで!」。Yさんはにっこり笑ってこう答えました。「これはー、口の中がシュワシュワしますねー」。

看護師の処置によりYさんは事なきをえましたが、私はあることに気づきました。Yさんは、昼間、包み紙からお饅頭を取り出すことすらできないのに、夜中は意識がしっかりしていて、あの固くて小さなポリデントの包みをていねいに破くことができるのです。つまり、本来、能力があるにもかかわらず、職員が対応しきれないばっかりに、睡眠剤や精神安定剤などを飲まされ、Yさんの力を奪っているのだということがこのときはっきりしました。

一般に、どのような状況でドラッグロックが行われるかというと、夜間眠らずに歩きまわるような入居者さんに対し、職員がその対応に困って睡眠剤の処方を医師に依頼するという例です。「夜間の動きが激しい」という理由だけで、安易に服用させているのです。しかも、それは介護職からの要望なのです。

本来なら、日中の生活を見直す（活動レベルを上げる）などのケアによって昼夜逆転を改めていくことが必要です。どうしても睡眠剤が必要な場合でも、その処方は慎重に進められなければなりません。

このドラッグロックの怖いところは、ふらついて転倒が多くなることです。転びそうになっても受け身をとれずに、床に顔面を強打することもあります。骨折し、歩行が困難になり、寝たきりになる例もあります。さらに問題なのは、日中、意識レベルの低下があるため、食事介助やおむつの着用など、本人の望まない介護の量が増えることです。

なお、薬によって認知能力の低下が起きるため、本人は望んでいないにもかかわらず、今度は脳の活動を活性化する薬が加えられてしまうこともあります。このように、服薬の量がさらに増えたり、あるいはまったく効能が逆のものが同時に処方されたりと、どう考えても本人の体や日常生活を蝕んでいっているとしか思えません。

フィジカルロック

フィジカルロックとは、ひもやベルト、抑制帯などの道具を用いて行動を制限することです。腕をつかんで制止する、あるいは鍵をかけて閉じ込めるなどもそれにあたります。

転倒を防ぐという理由で、歩行能力のある方を車いすに座らせ、ずり落ちないように「安全ベルト」という名の拘束具で固定するのは、まさにそれです。また、オーバーテーブル（車いすの方が食事をしやすいように使うもの）を車いすの肘掛けにマジックテープで固定し、立ち上がれないようにするなどです。その他、手足をベッド柵にひもやさらしで縛りつけたりします。手指の機能を制限するミトンの他、両手・両足・腰・胸の6点を抑制するものまで、身体拘束具として製品化されているものもあります。

私が勤務していた当時（1990年代後半）の特養には、〝つなぎ服〟というのがありました。自分でおむつを外したり、便をいじったりできないように、背中にファスナーや小さな錠が付いている代物でした。

今なら、その方の排尿や排便のタイミングに応じて適切な時間に介助するのが普通ですが、当時は決められた時間にしか介助を行いませんでした。したがって、排便・排尿があったときのおむつ外しを防ぐために、このつなぎ服を着せるのです。これを着せられた入居者さんは、おむつ交換の時間までどんなに気持ち悪くてもどんなにうんこまみれになっても、おむつに手を伸ばすことができません。

ただ驚いたことに、今、ネットで「介護用品／つなぎ服」で検索すると、該当のものがヒットします。現在でも5千円から6千円くらいで販売されているのです。

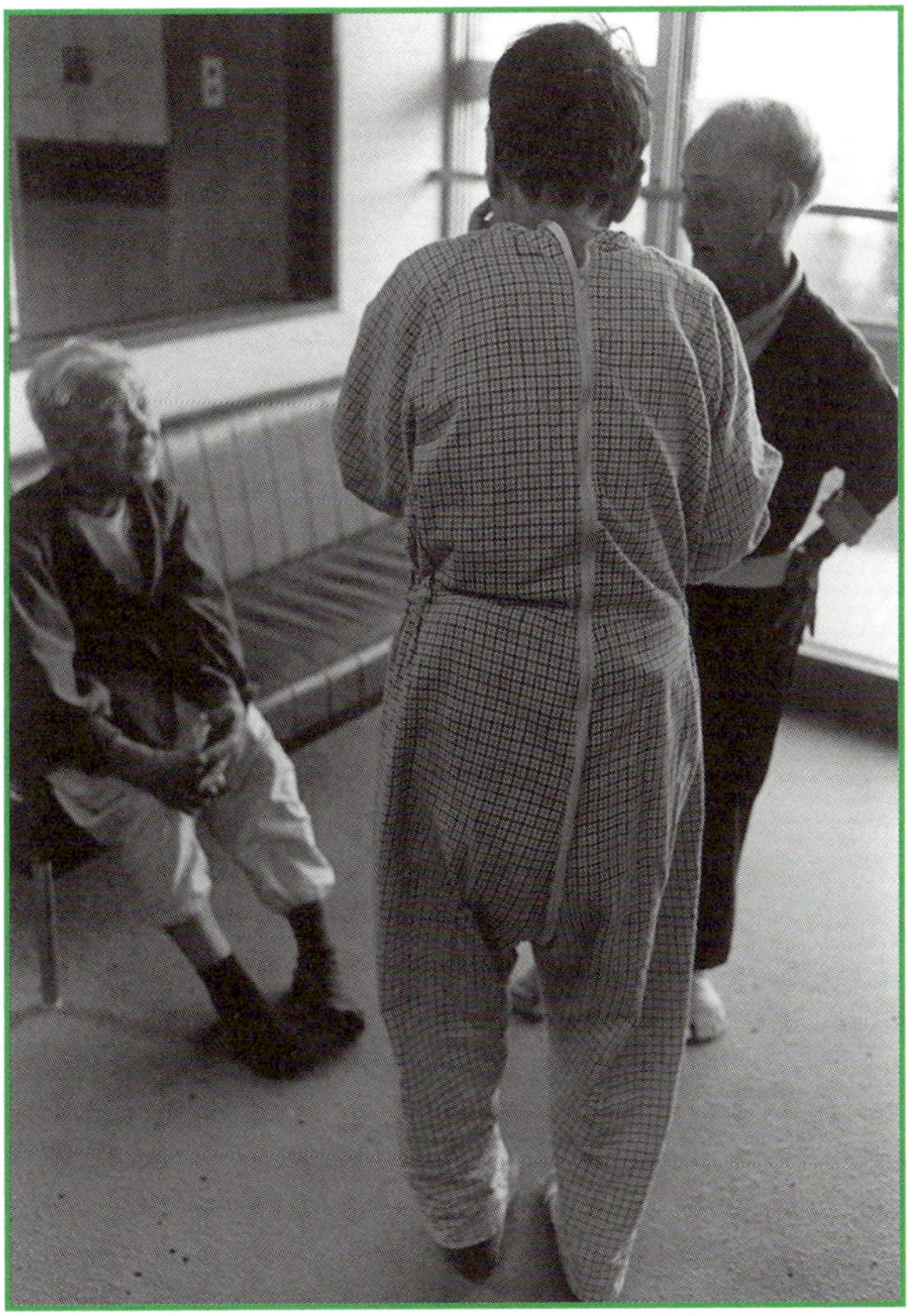

1970年代の終わりに登場した「つなぎ服」。
現在では用いることは許されないが、
当時、施設や病院において驚くほど普及した。
photo◆田邊順一

また、このようなものが使われているかと思うと、目の前が暗くなります。

中でも忘れられないのが、Nさんの食事介助です。Nさんは、介助のとき、なぜか口を固く閉じてしまいます。「Nさん、口を開けてください。ごはんですよ」という声かけも通じません。スプーンに食べ物をのせて、軽く唇を刺激しようとしてもうまくいきません。そもそもなぜ食事を拒否するのかもわかりません。

困った私がどうしたかというと、大小のスプーンを2本用意し、1本を口の中に差し込み、それを縦にして唇をこじ開けます。その隙間から、小さいスプーンで口の中に食物を入れるのです。

当時の私は、時間内に食事介助を終わらせること、そして必要な量を摂取させるという指示を受けていて、余裕をなくしていました。そのため、幾度かその食べさせ方をしたことがありました。しかし、とても悲しそうな顔をされるNさんを見るたび、胸が苦しくなり、どうしていいかわからなくなったのを覚えています。

同様の状況において、私にはできなかったことがあります。それは、口を閉じて拒否する入居者さんの鼻をつまむことです。すると呼吸ができなくなり、口がぽかんと開きます。その瞬間にスプーンを口の中に差し込むのです。

これをしていた他の職員は、「ごめんねー」などと言っているものの、さほど悪いことをしているようには見えませんでした。「他に方法がないし、仕方ないよ」という感じでした。私はそのような介助の仕方はおかしいと思っていましたが、彼らに指摘することができませんでした。

Nさんの例にしても、今だったら、食べたくなるまで待ったり、時間に関係なく介助したりすることもできたのにと思います。また、食べたくない理由を探したり、調べたりすることもできます。Nさんの好きな食べ物を探し出したりすることだってできます。でも、当時のその施設の〝システム〟ではとてもそういうことはできませんでした。

これらの行為は、「介護」や「安全の確保」という名の下の虐待といえます。しかし、私のように状況に流され、思考停止のまま行ったその行為は、認知症状態にある方にはもちろんのこと、私にとっても深刻な結果をもたらすものとなりました。

私は、何におびえていたのでしょう。他の職員たちから嫌われることでしょうか。

それとも、代替案が出せない自分の無能をさらけ出すことでしょうか。時間に追われて、何のために誰のために介助を行うかを考えていなかったのは事実です。けれども、注意や指摘ができないのであれば、私も同罪といえます。自分のふがいなさと罪の意識が今でも私の中には残っています。

2 無自覚の虐待

そのデイサービスは、私が初めて働くことになった職場でした。私にとって忘れられない利用者さんがいます。70代後半の女性、Tさんです。

ある日、ウィンドブレーカーのファスナーをだらしなく開けていた私がお出迎えをしていたところ、Tさんはつかつかと寄って来て、ファスナーを上げると、両胸をトントンと叩きました。言葉でのコミュニケーションが難しかったTさんですが、それはあたかも「だらしない格好しないの」と教えてくれたようでした。認知症状態にある方を「お世話する」ことばかり考えていた当時の私にとって、「自分が世話をされることがあってもいい」のだと、とても新鮮に感じるとともに、肩の力が抜ける思いでした。

そのTさんが、デイサービスの上階にあるショートステイ（特養）を利用することになりました。以前、Tさんは自宅から行方不明になり、10キロ以上離れた所で見つかることがありましたが、そのショートステイのフロアの窓越しからも、ふらふらと歩く姿が見えました。

翌々日だったでしょうか。私の予想どおり、Tさんは車いすに乗せられ、〝安全ベルト〟が付けられていました。足腰が強く、歩行に何も問題のないTさんに車いすが必要なわけはありません。ですが、他の利用者さんに迷惑になるからという理由で、安全ベルトという名の拘束をされていたのです。

次にTさんを見かけたとき、私はとても驚きました。車いすを背負い、中腰で歩いていたのです。しかしその結果、そんな無理な体勢から転倒し、大腿部の頸部を骨折してしまいました。

入院となったTさん。その後3か月ほど経ち、最終的な入院先が決まったと相談員から報告がありました。そこは有名な精神病院でした。当時、知識の乏しかった私は、「骨折なのになぜ精神病院なんだろう」と疑問に思いました。

他の職員とお見舞いに行くことにしました。初めて訪れる精神病院は驚くことばかりでした。入院というより「収容」といったその光景は、今でもはっきりと覚えています。

強固なセキュリティーを通り過ぎ、病室に着きました。入り口にはTさんの名札がかけられていました。ベッドを覗き込むと、そこには、別の患者さんが横になっています。右と左を見間違えたのかと思い、病室を出てもう一度名札を確認しますが、誤りではないようです。ベッドに掲げられている名札も、やはりTさんと書かれています。

なんと、Tさんは別人になっていたのです。快活に笑い、私をたしなめてくれたあの姿はありません。うつろに目と口を開き、60キロ前後あった体重は、どう見ても40キロくらいにしか見えないのです。両腕と左足は拘束されていました。右足だけは無自覚に、けれども規則正しく動いていました。

私はやっとわかりました。手術をされたのでしょう。ただ、術後すぐに歩こうとしたので拘束をされて、それで暴れて、向精神薬を使われて……。事実を確認したわけではありませんが、そうだろうと推測できました。

ちょうどそのとき、Tさんの主介護者である娘さんがいらっしゃいました。娘さんは、入院の少し前、デイサービスの相談員の前で涙を流していました。理由は、自分が母親（Tさん）のことばかり気にかけていて、夫の変調にも気づかず、結局、夫を亡くしてしまったということでした。娘さんにとって、Tさんはそれだけ大切な存在だったのです。

私は「なんて謝ればいいのだろう」と慌てました。同時に、情けないことに「同じ施設ですが、デイとショートでは役割が違うので……」などという言い訳が頭をよぎりました。とっさに言葉が出なかった私に対し、娘さんは「デイではお世話になりました。食事ができるようになれば、また自宅に戻れると思うんです」とおっしゃいました。素人同然の私にも、食事をとれるようになるのは無理だとわかっていましたが、娘さんにとってはそれが希望でした。

私は、あいさつもそこそこに逃げるように病室を出ました。ショートステイで車いすに縛り付けられなければ……。病院で拘束されなければ……。余計な薬を飲まされなければ……。「ここでは一つ間違うと、3か月で人間をまったく違う姿にしてしまう可能性がある」。大した覚悟もなく、この仕事を始めていた私は強く強く反省しました。

Tさんの介護・看護・医療に関わったすべての人は、敵意をもっていたわけでも、意図して危害を加えようとしたわけでもありません。ただ、「安全のために」「認知症だから」という理由から行った行為（主に身体拘束）が、Tさんの人生を大きく変えてしまったのです。それも3か月という短期間で。これは、無自覚の虐待といえるのではないでしょうか。

自分にできることはなかったのか――。私は、このときのTさんの姿が目に焼きついたまま、今日に至っています。

虐待を受けた方は大きな苦痛を味わされます。一方で、虐待や不適切な対応をしてしまった側も、罪の意識にさいなまれ、その後も大きな傷となります。私たちにはその想像力が欠かせないと思います。

3 なぜ**認知症**の**人**は**虐待**を**受**けやすいのか

虐待や虐待に等しい身体拘束、不適切な対応――。これらを認知症状態にある方は被りやすい状況にあります。その主な理由として、「言動が理解されない」「できないということが理解されない」「自分の意思を的確に伝えられない」の3つがあげられます。

言動が理解されない

認知症の症状は、痛みや発熱などとは異なり、主に「言動」として現れます。それらは、周囲の人からは、奇異や不可解に映ることがあります。たとえば、次のようなものです。

認知症の人が虐待を受けやすい理由

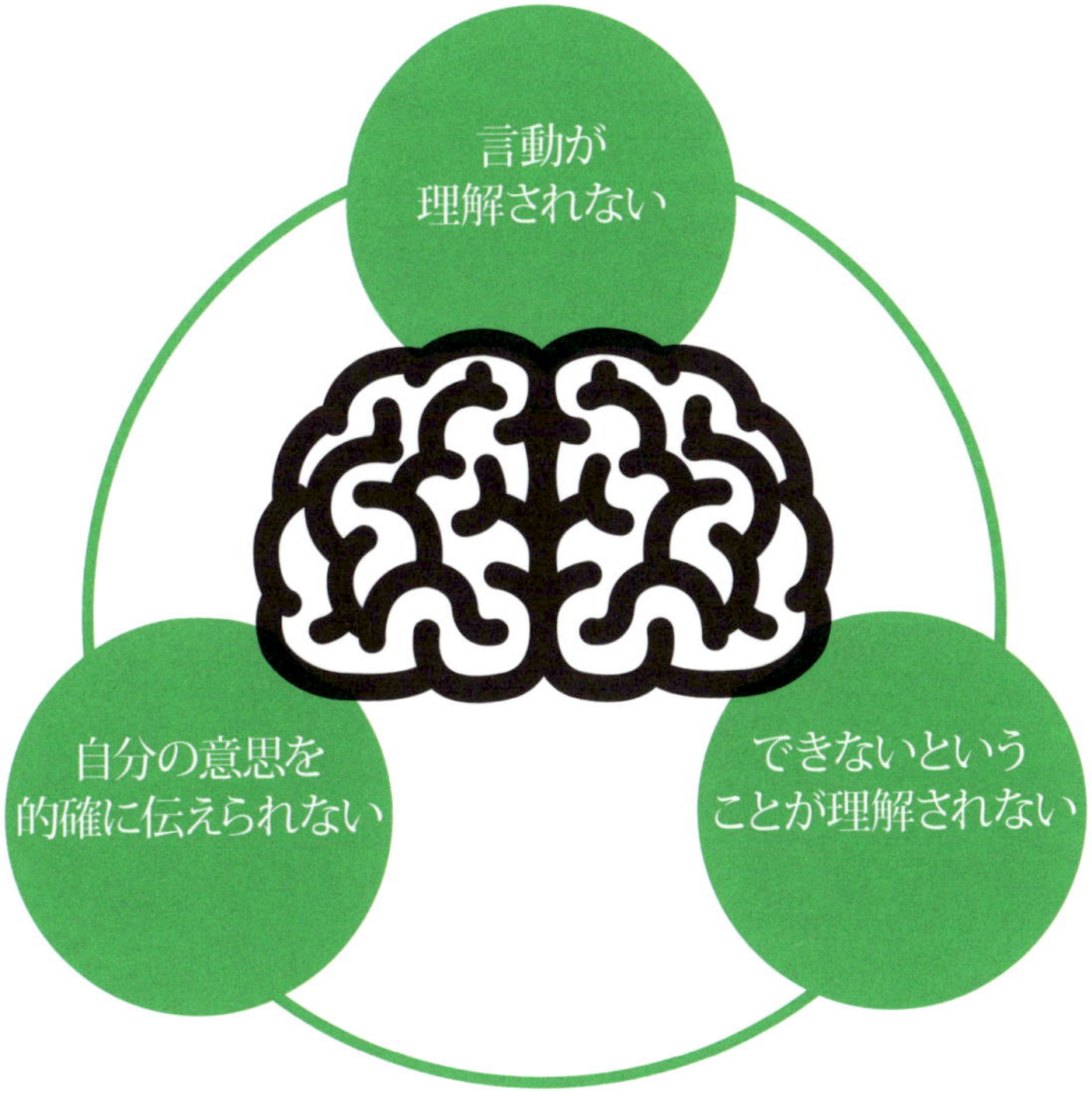

◆何度も同じ話を繰り返す、あるいは何回も同じことを尋ねる
◆引き出しにしまっておいた大事なお金を盗まれたと非難する
◆さっき済ませたにもかかわらず、ご飯を食べていないと訴える
◆もう今は存在しない、かつての自宅に「帰る」と言って出て行く

これら一つひとつの言動は、記憶障害などによって生じるものであり、本人の人格や習慣のせいではありません。ましてや、わざとやっているわけでも、周囲の人を困らせようとしているわけでもありません。

本来、介護職は認知症に対するこうした十分な知識をもち、その対応を心得ているはずですが、それらを身につけていないと、認知症状態にある方に対してイライラしたり、悪感情を抱いたりします。その結果、虐待などに至る可能性が増大するのです。

このような状況がすぐさま虐待につながるわけではありませんが、それが毎日であったり、昼夜を問わず長時間に及んだりした場合、あるいは介護職自身が体調を

壊していたり、睡眠不足だったりすると、精神的な耐性はさらに低下するため、注意が必要です。

できないということが理解されない

認知症の発症初期というのは、ちょっとしたもの忘れがみられたり、生活用具の操作がおぼつかなくなるなど、それが加齢によるものなのか病気によるものなのか区別がつかない場合が少なくありません。しかし、症状が進行すると、料理や買い物、スケジュールの管理など、できないことが徐々に目立ってきます。

それまで当然のようにできてきたことができなくなったり、子どもでもできるようなことに困っていたりする状況は理解しにくいものです。次のような例です。

◆便器のふたを上げずに用を足す
◆ポットや急須の使い方がわからない

◆自宅へ帰る途中、道に迷う
◆セーターを着るとき、どこに袖を通していいのかわからない

これらは、認知症の中核症状である「実行機能障害」(失行《しっこう》ともいう)とよばれます。介護職なら当然理解していなければいけませんが、理屈ではなく「どうして?」「ほんとにもう……」「あー、イライラする!」といったストレスを感じてしまう場合があります。とりわけ相手に悪感情をもっていたり、自分に余裕がなかったり、時間に追われていたりすると、虐待へと近づく危険があります。

自分の意思を的確に伝えられない

認知症状態にある方にとってもっとも不利なのが、「○○してほしい」「私は○○と思う」「イヤだ」「やめて」など、自分の意思を的確に言えない、伝えられないことです。認知症状態にある方が、了承や抗議、説明などを言葉で十分に表現できれ

ば、虐待を受ける手前でそれを防げる機会も少なくないでしょう。

たとえ言語的コミュニケーションが難しくなった方であっても感情はあります。怒りや悲しみは（楽しみや喜びも）周囲の状況に応じて生じます。ところが、介護職のなかには、「（認知症状態にある方は）感情がない」「感じる力が弱い」と考えている者も皆無ではありません。そうした人たちが、虐待を引き起こす可能性があります。

一方、介護職の立場からすると、認知症状態にある方の感情の的確な動きを負担に感じることもあります。これが介護職にストレスを生じさせ、虐待につながることもあるのです。

なお、記憶障害がある認知症状態にある方は、数日前あるいは直近に行われた自分への虐待を想起し、訴えるのが難しいということも見逃せません。虐待をした側は、それをいいことに「知らない」「やっていない」と言い逃れができます。これも、虐待を受けやすい要因の一つです。

4 介護職も追い込まれている

２０１４年に起こった忘れられない虐待といえば、神奈川県川崎市の有料老人ホームＳで起きた事件です。これは、職員が入居者さんをベランダから転落させて殺すという惨事を引き起こしました。これ以外にも、左表のとおり、介護現場ではこれまでも数多くの虐待が表面化しています。

虐げるというのは「むごい扱いをする」という意です。人間が人間に対してむごい扱いを行うというのは、今に始まったわけではありませんし、介護現場だけで起きるものでもありません。学校でのいじめや体罰、職場でのパワハラ、戦争、不当な差別などもそうです。そこに共通するのは、虐げる側の優位性であり、嗜虐的な要素です。

介護現場における虐待といえば、言うことを聞かない認知症の高齢者に、体力に

過去の主な虐待事件

2005.2	石川県かほく市 グループホームT	28歳の男性介護職が、女性入居者（84歳）に対し、石油ファンヒーターを服の上から押し付け、熱風を浴びせた。入居者は火傷によりショック死。介護職は「寒がるのでヒーターをつけたが、繰り返し消されて腹が立った」と供述。その後、懲役12年が確定。
2005.10	千葉県香取市 特別養護老人ホームM	非常勤の男性職員（25歳）が、認知症の男性入居者（93歳）のわき腹を蹴る虐待行為。「介護中に激しく抵抗されたため、我を失って殴った」と事実を認めた。
2014.11	神奈川県川崎市 有料老人ホームS	救急救命士の資格をもつ23歳の男性介護職が、87歳の男性入居者を4階ベランダから投げ落とし、殺害。同施設では、他に女性2人が転落死を遂げている。この介護職は、入居者の現金も盗んでいた。
2015.6	同上	女性入居者（86歳）に対し、3人の職員が頭を叩いたり、暴言を浴びせたりした。一連の暴行の様子は、女性の長男が室内に設置したビデオカメラで撮影していた。この職員らは書類送検。

勝る職員が暴力を振るうというイメージをもつ人が多くいます。確かにそのような例もありますが、職員が感情を爆発させ、虐待に突き進むという行為は、それほど単純な話ではないのです。実は、虐待する側も被虐的な立場にある場合があるということです。つまり、その背景には、虐待を起こしてしまう介護職が精神的に追い込まれている状況があるのも見逃せません。

認知症に関する専門的な知識や介護の経験があったとしても、認知症状態にある方に対して、自分らしく安心して生活してもらえるように支援するのは難しいことです。まして、知識や経験が不十分であったり、技術に自信がなかったり、介護という仕事に覚悟をもてなかったり、他の職員の評価が気になったり、あるいは差し迫った状況であったりすると、いとも簡単に介護職は追い込まれてしまいます。追い込まれていくのは、当然なのです。

たとえば、認知症状態にある方は、「息子が家で待っている」と訴え、施設から外に出ようとしたりします。これは、職員を困らせようとか、外に行くための方便として使っているわけではありません。当の本人は〝親〟として、本気で「家で子どもが待っている」と心配しているのです。これに対し、生半可な覚悟の介護職が、いいかげんで愚にもつかない理由をつけて帰宅を思いとどまらせようとしたところで、その気迫にかなうわけがありません。

このように、認知症状態にある方の「たくましさ」や「豊かさ」を受け入れることができない介護職、あるいは自分自身の問題に目を向けることができない介護職は、ストレスを感じることになります。そして、認知症状態にある方と自らの関係性が抜き差しならないほど切迫していくと、人間はたった二つの行動しかとれなくなる状態に陥るのです。それは「逃げる」か「闘う」かです。

この場合の「逃げる」とは、その場しのぎの対応を行い、深く考えずに忘れていくことです。介護の仕事を辞めるという選択肢もあります。一方、「闘う」とは虐待のことです。それは、相手を洞察したり、自分自身を見つめ直したり、対処法を考え抜いたりする闘いではなく、認知症状態にある方に挑むという、危険で誤った闘いです。

PART 2

虐待に至る不適切な対応とは

つねる、叩く、蹴る、縛る、暴言を吐く、無視する……。虐待といわれるものは種々ありますが、私は、そこに至るまでに「前兆」とよばれる事象があると考えています。それは、次の3つです。

◆友達口調や命令口調
◆ため息や舌打ち
◆あざけりやからかい

介護現場で散見されるこれらの行為は、虐待につながる可能性のある「不適切な対応」です。もちろん、虐待に至る過程はさまざまですが、こうした萌芽をきっかけに虐待が引き起こされる場合があるため、非常に注意が必要です。

なお、ここでいう「不適切な対応」とは、認知症状態にある方との関係性や状況などにおいて、適切ではない言動全般を指します。介護職と要介護者という関係、お年寄りと若者という関係、人と人としての関係など、さまざまな関係性を意識的もしくは無意識に無視した言動といえます。

一方、虐待とは、相手を虐げる（むごい扱いをする）ことを意図とした言動であり、あるべき関係性を無視しているだけではなく、関係性も含め、理不尽な状況を強要しているものをいいます。

「不適切な対応」と「虐待」とでは、線引きが難しい面もありますが、両者とも許されない行為であることは間違いありません。

1 友達口調・命令口調

「利用者さんに対し、どのような言葉づかいを行うように職員に指導したらよいでしょうか」。施設長や管理者の方からよく質問されることがあります。その場合、私はこう答えます。「『丁寧語』『尊敬語』『謙譲語』などどれも正確に使えるに越したことはありませんが、一番大切なのは関係性を理解した言葉づかいをできているかどうかです」と。たとえば、利用者さんから「そのタオル、取ってくれますか？」と言われたとき、「承知いたしました」や「かしこまりました」は少し過剰です。笑顔で「はい、どうぞ」と返すのが適切でしょう。

介護の仕事に就いて間もなかった頃、私はとにかく「（利用者さんに対しては）丁寧に話さなければ……」と思っていました。

デイサービスのことです。活気のある下町育ちの利用者さんに、「お兄さん、その湯呑みを取ってよ」と頼まれたので、「はい、どうぞお使いください」と渡したら、「なに気取ってんだい！」と言われてしまいました。しばらくして、同じ方から「湯呑みを取って」と言われたので、私は、前回の反省から「お、チャンスだ」と思いました。そこで、「はいよ！」と言ってみました。すると、その方は「ありがとね！」と明るく返してくれました。

この経験から、介護の仕事というのは、ただただ丁寧な言葉を使えばいいわけではなく、その場の状況や相手の文化・価値観、そして自分との関係性などに応じて言葉づかいを変えられるようになる必要性を実感したのです。

一方、状況や関係性を無視した言葉づかいというのがここでは問題になります。利用者さんが丁寧語や尊敬語を使っているにもかかわらず、「何？」「うん」「そうだよ」「××して」など、友達口調（いわゆる「タメ口《ぐち》」）や命令口調を用いるのがそれにあたります。長期にわたって十分な人間関係や絆を深めてきたのならいざしらず、そうした関係性もなく、恒常的に一方的かつ上から言葉を発するというのは危険なサインです。それは、「介護する側」と「介護される側」という力関係を固定化させ、やがて、「利用者さんに言うことを聞かせる」「自分の都合で相手を動かす」のが当然という心理を育むことになります。

当初、「はい、はい」や「あー、もう……」といった程度の言葉でも、徐々に「さっきも言ったでしょ」「いい加減にして」などの言葉が口をついて出てくる可能性は否定できません。さらにエスカレートしていくと、遂には「ふざけるな」「早く死ね」などの罵詈雑言、あるいは直接的な暴力に至ることもありえます。

また、利用者さんのことを「○○ちゃん」と呼んだり、職員同士で呼び合うことも不適切です。ただし、利用者さん自身が「『○○ちゃん』と呼んで」と希望している場合や、愛称・あだ名で呼ぶことを了承している場合は別です。つまり、あくまでも本人の要望があること、そして本人と職員の関係性を周りの職員や家族も理解したうえで行われることが前提になります。その方に対する愛情があれば許されるということではなく、本人の意向が確認できていないのであれば、控えるべきだと思われます。

うん。
何?
××して。
あー、もう……。
そうだよ。
はい、はい。
いい加減にして。
さっきも
言ったでしょ。

2 ため息・舌打ち

不適切な対応として次にあげられるのが「ため息」や「舌打ち」です。

一般に、認知症状態にある方の介護をしていると、同じことを何度も伝えなければならなかったり、聞かされたりすることがあります。それに対してその都度ストレスを感じるようなら、この仕事は務まりません。ところが、介護職が自分の都合で利用者さんを動かすこと、利用者さんの生活をコントロールすることに違和感がなくなってくると、ちょっとしたことでイライラが高じてため息・舌打ちがみられるようになります。さらに自制心が欠けていくと、普通のため息ではなくなり、相手に聞こえるような嫌味な感じのそれになります。

ため息や舌打ちが出やすいのは、おむつの交換をした直後に再び排泄があったときなどです。たとえば、便秘の方が下剤を服用していた際に数回にわたって排便が続いたときです。下剤を服用しているので、排便があること自体は好ましいはずですが、問題のある介護職は、このようなときにため息や舌打ちをみせます。

なお、ため息や舌打ちは、最初は他の職員がいない場所で行われます。また、他の職員や上司に訴えたりしない利用者さんに対してのみ行われます。他者にわからない状況でそのような行為に至るというのは、介護職の心の中で強い葛藤が起きている証拠です。追い詰められている、あるいは追い詰められつつある状況と思われます。

このように、利用者さん自身には何の責任もないのに、嫌味なため息を吐いたり、舌打ちをするといった行動というのは、感情をコントロールできなくなっていることを示していて、暴言や暴力などの悪質な虐待に近づいているといえるでしょう。

3 あざけり・からかい

明らかな暴行というのは、負のエネルギーを蓄積させた職員が、抜き差しならない状況において直接的に行動を起こします。そして、前述した乱暴な言葉づかいやため息・舌打ちといった不適切な対応も、その同一線上にあります。一方、これらとは様相の異なる不適切な対応があります。それが、あざけったり、からかったり、馬鹿にしたり、もてあそんだりといったものです。

たとえば、2015年に広島県福山市のグループホームKで起きた事件がその典型です。そこで起きたのは、廊下を歩きまわる入居者さんに対し、職員が「歩くのを止めたかった」という理由から、みんなの前でプロレス技（足四の字固め）を行ったというものです。

「歩くのを止めたかった」と言っている時点で、そもそも本人の意思を尊重して

あざけりやからかいを伴う主な事件

2010.3	三重県松坂市 グループホームC	94歳の女性入居者が、トイレ内で鼻をつまみ上げられるなどの映像を撮影され、インターネットの動画サイトに投稿される。19歳の介護職員（女性）は、「親しみを込め、軽い気持ちで撮影した」と供述。
2010.4	栃木県宇都宮市 老人保健施設U	認知症の入居者が上半身裸で四つん這いになっている姿を職員が携帯で撮影。また、別の入居者の顔に落書きするなどの虐待行為が発覚。さらに、男性職員が90代の女性を高く持ち上げ、ベッドに落とす行為も。「親しみを込めてやった。かわいかったから」と職員は証言。施設側は「悪意はなかったが、行き過ぎた行為だった」との弁。
2015.6	広島県福山市 グループホームK	廊下を歩きまわる80代の男性入居者に対し、それを止めたかったという理由で、30代の職員がみんなの前でプロレス技の足四の字固めをかけた。

いないわけですが、もし制止する必要があったとしても、足四の字固めをみんなの前でする必要はまったくありません。なお、当施設では、同時期にこの入居者さんに対し、犬を連想させるような名前で呼んでいたということです。これは、明らかに相手を笑いものにし、自分たちの遊びの道具にしているとしかいえません。

昨今は、こういった虐待といえるような不適切な対応が散見されます。これらが暴力や暴言を伴う虐待と大きく違うのは、職員が精神的に追い込まれているわけではないという点です。つまり、仕事や職場の対人関係で悩んでいる、あるいは大きなストレスを抱えている職員が、ふとしたきっかけでパニック状態になるというものではありません。大きな特徴は、罪悪感が乏しいということです。

特養やデイサービスで、女性の利用者さんにお化粧を施すのをケアとして実践している光景は、今や珍しくありません。化粧によって、その方が自分らしさを取り戻したり、活動的になったりするという意味で推奨できるものです。ただし、本人にそれを強要し、ひいては写真に撮って壁に貼り出すといったことになれば話は違います。また、職員たちが、からかい半分で「かわいい〜」などと口にするようなことがあってはなりません。

また、本書のタイトルにもなっている「鼻めがね」も、不適切なシーンとして現場でちょくちょく見かけるものではないでしょうか。クリスマスや誕生会などの催しで用いられるパーティーグッズとして、誰もが一度は目にしたことがあるあの鼻めがねです。これを利用者さんにつけ、「似合ってる〜」などと言って手を叩く。悪気はなくとも、不適切な行為であることは間違いありません。利用者さん自らが進んで鼻めがねをつける、あるいは楽しんでいたり喜んでいたりする場合を除き、まさに〝アウト〟です。

鼻めがねは、暴言や暴力に比べると直接的なインパクトは小さいかもしれませんが、その方が被る不快感や精神的ダメージをどれだけの介護職が想像できているでしょうか。

この他、利用者さんの身体的特徴を話題にしたり、身体的特徴をあだ名にするなども、不適切であるのはいうまでもありません。たとえば、体重の重い方に対する「あの人、重いよねー。介護するほうの身にもなってほしいよね」や、関節の拘縮が激しい方に対する「かぶり物の衣類は着せられないよねー」などの発言です。職員同士でこうした会話が頻繁に行われているようであれば、それは危険なサインといえます。

4 不適切な対応の本質とは

あざけりやからかいのような不適切な対応というのは、これまであまり議論されることはありませんでした。私は、その理由を次のように考えます。

1◆利用者さんならびにケアに対する介護職の意識が低く、不適切な対応を行っているにもかかわらず、自覚がなかった

2◆不適切な対応が公になることなく、不問にされていた

3◆利用者さんと介護職とが楽しんでいることと不適切な対応の線引きがあいまいだった

長く生活をともにすることで、当然ながら利用者さんと職員との距離は近くなり、

人間関係や相手への理解は深まります。そうしたなかで、冗談を言ったり、ふざけあったりする場面は多くなります。そのこと自体は問題ありません。

一方、利用者さんを笑いものにするような状況には、ある特徴があります。それは、複数の職員で行われるという点です。つまり、職員が利用者さんを（今風の言い方をすると）イジって笑いをとりたいわけです。ですから、それは自分一人で行うのでは意味がなく、必ず近くにそれを笑ったり楽しんだりする職員がいるのです。

これが、他者がいないところで行われる暴力・暴言、あるいはため息・舌打ちなどと根本的に違う点だといえます。

職員の中には、このような笑いを不快に思う人もたくさんいることでしょう。しかし、それを指摘すると、その職員らに「ノリが悪い」などと言われてしまいます。そのため、その場の空気や人間関係を壊すまいと、見て見ぬふりをしたり、作り笑いをしたり、その場を立ち去ったりするしかなくなります。残念ですが、多くの介護職は指摘したり注意したりするよりも、そうした後ろ向きの態度を選択してしまうのです。

なお、利用者さんを笑いものにして楽しむ職員というのは、「自分はウケている」と勘違いしていますので、自分を正すことができません。

暴言や暴力というのは罪悪感を伴うことが多いため、それが抑止力となることもありますし、そこに至るまでにある程度の時間を要します。また、その壁を乗り越えるには大きなエネルギーが必要となります。一方、あざけったりからかったりする不適切な対応は、少しでも気をゆるめると、すぐにその芽を出します。

不適切な対応の本質というのはどこにあるのでしょうか。考えてみると、その根底には相手の心情を理解できていないということがあります。

介護職の中には、相手の心情を理解するのがもともと苦手な人もいると思われますが、多くの場合、だんだんと麻痺していくのです。その端的な例が、「ちょっと待ってて！」です。利用者さんから呼び止められたにもかかわらず、自分の作業を優先するといったことは、誰もが経験しているでしょう。

確かに、「ちょっと待って」と言わざるをえない状況があるのは理解できます。しかし、その後にせめて、「さっきはごめんなさい。なんだったでしょうか？」という態度を示せるかどうかです。些細なことかもしれませんが、自分を優先させることを続けていると、いつしか、相手の心情を理解しない、もしくは相手の存在を軽視するような言動に変わっていきます。その結果が、こうした不適切な対応に結びついていくと私は考えます。

もう一つ、私が大事だと思っていることがあります。それは衛生管理・整頓です。一見関係はなさそうですが、利用者さんの体・衣類が汚れている状態や、居室、廊下、トイレ、スタッフルームなどが整頓されていない環境は、職員に種々の余裕がないことを示しています。もしくは、事業所全体における業務のバランスがとれていない証拠です。

このような状態は、職員がチームで働いているという認識が希薄です。「自分の仕事ではない」「自分には関係がない」といった意識があるとともに、さまざまなことに気づいたり考えたりすることができなくなっています。そして、それは、ぞんざいな態度をとったり、言葉を荒げたり、利用者さんをからかったりといったことに少なからずつながっていくと考えます。

PART 3

うちの施設で虐待がありました

1 不適切な対応の芽

私が、虐待や不適切な対応について思考と実践を深めるようなったきっかけがあります。それは、私の運営するグループホーム事業所（以下、事業所）で行われた虐待でした。ここからは、反省と自戒を込めてその当時のことを書かせていただきます。

当事業所（2ユニット）は、開設から3年ほど経っていて、3年間管理者をしていた者が退職した直後の頃でした。また、管理者が退職する前後に、他の職員の離職も相次ぎ、ほとんどの職員の職歴が1年程度という状況でした。

私の法人では、入職後ＯＪＴを必ず実施しますし、3か月ほどすると、「基礎研修」というものを行います。しかし、当時は職員の入れ替わりが激しく、ＯＪＴはできたものの、研修などがなかなか実施できませんでした。そのため、職員にとっては、先輩がいない、管理者がいない、研修もできないという状況で仕事をスタートせざるをえなく、経験も知識も圧倒的に乏しいなか働いていたというのが現状でした。

まず、基本的な技術や知識（食事、排泄、入浴などの介助）を身につけることが必要なのですが、日々、危険や事故を回避するだけで精一杯という状況で働くことになります。当法人は計6か所の事業所をもっていますので、他の事業所から経験の豊富な職員を投入することで、徐々にOJTも実施できるようになり、知識と技術が身についていきましたが、いかんせん入居者さんの生活を豊かにできるようなレベルではありませんでした。

当然、入居者さんたちの生活は落ち着かず、職員のストレスも高まっていました。今思うと、最初の徴候は、職員らの表情が乏しくなっていったことだったと思います。職員が、入居者さんに明るくあいさつができない。介助中に声かけをするときの表情が硬い。入居者さんの顔をきちんと見ていない……。

次に、職員の技量不足にもかかわらず、対応できないのは入居者さんのBPSDのせいにするようになりました。ひどいときには、BPSDを理由に「○○さんは

＊OJT
On the Job Trainingの略。仕事中、業務遂行を通して就業スキルを向上させること。

うちのグループホームの対象ではない」（退居させたいの意）などと、申し送りの際に発言する職員も出てきました。何とか身体介護の技術は身につけて働き始めた職員も、BPSDについては体験するのも接するのも初めてという状況。頭ではわかっているものの、大きな戸惑いがあります。

やがて、職員の都合で入居者さんの生活をコントロールするような状況が見受けられるようになりました。たとえば、入居者さんが食事直前に立ち上がろうとすると、「まだ座っていてください」と言ったり、入居者さんの前に立ち、手を引き、入居者さんの行きたい方向ではないところに誘導したりするようになってきました。また、「いすに座りましょうね」と言う声かけと同時に入居者さんの肩を軽く上から押すような行為もみられました。

その他、食事、トイレ、入浴などの基本的な介護を入居者さんの生活の流れから切り離し、職員の出退勤に合わせて入居者さんの生活時間を組み立てるようになっていきました。それについて、入居者さんに十分説明することはありませんでした。

そのようなときに、短期的（1～2か月間）でしたが、他の事業所の職員が指導したり、経験のある職員がサポートしたりもしたのですが、それらの職員にも気兼ねがあり、どうしてもきちんとした教育にはなりませんでした。

入居者さんの言動に関して当時の職員が一番対応に苦慮したのは、「外に行きたい」「帰りたい」と言われることでした。職員に力量があれば、一緒に外出を楽しめたりもするのですが、その力量や余裕がない場合は、「どうやって中に入居者さんを留めておこうか」とばかり職員は考えてしまいます。

ところで、認知症状態にある方が「帰りたい」ということを、介護業界では「帰宅欲求」とか「帰宅願望」と言ったりします。人はそこが自分の家ではないと思えば、「帰りたい」となるのが当然ですし、そこが嫌な場所や自分のいるべき場所でないと判断したら、その場から離れようとします。ですから私は、「帰宅欲求」「帰宅願望」などと、あたかも症状のような表現をすることがそもそもおかしいと思っています。

ただ、当時の職員は、「誰でも帰る理由があれば帰りたい」というこの当たり前のことを理解しておらず、また、記憶に障害がある入居者さんの言動が、周りの環

＊BPSD
Behavioral and Psychological Symptoms of Dementiaの略。認知症に伴う行動・心理症状。具体的には、抑うつや不安、妄想、暴力などを指す。

境と整合性がとれていないことに起因するということも理解できていないので、対応に苦慮したのでした。

なお、他社のグループホームなどでは玄関を施錠《せじょう》しているところが多くみられますが、うちの法人の全事業所では施錠をしていません。入居者さんが帰りたいと思ったり外に出たいと思ったりすることは当然です。ですから、出入りは自由です。

ちなみに、自分で閉めて自分で開けられる状態であれば「施錠」という表現は間違っていませんが、入居者さんが自分で開けられない状態は「施錠」とは言えません。それは「禁固」と言うべきなのです。禁固は犯罪ですので、うちの法人内では、外部からの侵入を防ぐ夜間帯を除いて鍵をかけていません。

当時の話に戻りますが、職員たちは、上司や先輩からただただ教わったとおりに鍵をかけないという状況だけを守っていました。そこには、なぜ鍵をかけないのか、かけてはいけないのかを考えることがありません。けれども、本当のところは、「認知症だから」「ＢＰＳＤだから」と短絡的に考えているため、鍵をかけたくて仕方がありませんでした。ですから、「鍵をかければいいのに」という気持ちがあるぶん、入居者さんが外に出て行こうとすることに対して強いストレスを感じるのです。

入居者さんを中に留めようと四苦八苦する職員は、行き過ぎた声かけをするようになりました。たとえば、入居者さんが少しでも帰りたいという雰囲気を醸し出しながら出口に向かうと、すかさず職員が「どうしたんですか？　◯◯さん」「どこに行くんですか？　◯◯さん」などと、先回りをして声をかけます。このような声かけは、すでに行動抑制（スピーチロック）の要素がとても大きいのですが、他に術のない職員たちは必死です。しかし、その程度の言葉で入居者さんの帰りたいという気持ちや行動が治まることはありません。結局、職員のほうがパニックになっていきます。

次いで職員が苦慮したのは、ある入居者さんが職員を叩いたりすることでした。頻繁ではなかったものの、その後、虐待を受けることになった女性のSさんも、時々職員に対してそのようなことがありました。

ここで、介護業界でよく話題になる、認知症状態にある方の「暴力」について少し触れたいと思います。

認知症状態にある方が暴力を振るうのは、そのほとんどが自己防衛によるものです。外に出ようとしているところを手をつかまれて制止されたり、排泄物で汚れている衣類を職員が半ば強引に脱がせたりしたときに起きます。

認知症状態にある方からすれば、自分の意思に反することを職員から力づくでされるため、そのようなことになります。一方、職員からすると、（止める理由がそれほど深刻かどうかは別として）外に行くことを止めたい、早く着替えさせたいという焦りがあります。そのため、「ちょっとお茶でも飲みましょう」「着替えをしましょうね」など、ていねいな口調ながらも、声の調子が強かったり、表情が厳しかったりします。認知症状態にある方からすると、それは否定されたり、責められたりしているように感じてしまいます。

そして、そのような制止行動とほぼ同時に、職員は認知症状態にある方の手や二の腕をつかみます。それに対し当然のことながら、その方は、心情的にも肉体的にも危機を感じます。こうした状況がエスカレートすると、目の前にいる職員に対し防衛的な反応として、手を振り払ったり、職員を押し返したりといった行動になるのです。

2 不適切な対応の深刻化

虐待を受けることになったSさんも同様でした。扉の前で立ちふさがった職員の顔を殴ったり、トイレの介助中にズボンを下ろそうとした職員の頭を叩くことがありました。それは、一見興奮した突然の行動のようにみえますが、そこに至るまで何度も職員からスピーチロックをされていて苛立ちが増していたのです。衣類の交換時においても、職員による声かけの際のアイコンタクトが不十分で、まなざしや表情、口調に配慮せず、Sさんの衣類に手をかけた可能性があります。そのようなことが続くなか、職員たちもだんだんとSさんに対して恐怖感や怒りを覚えるようになっていったと思われます。

誰もが抱いている「帰りたい」とか「外に行きたい」といった気持ちは、「家族に会いたい」「自分の好きな場所に行きたい」ということの表れであり、Sさんも同様です。ただ、Sさんはその状況が理解できないだけです。そこへもってきて、職員からいきなり手出しをされたら、「嫌だ！」となるのは、とても大切な〝自己主張〟です。そして、その自己主張は〝生きる力そのもの〟のはずです。通常、職員はこれらのことを研修や引継ぎのなかで教わるはずでした。けれども、きちんと教育したり研修したりする状況や環境を作ることができませんでした。

職員の表情が乏しくなる時期から、こうしてついに不適切な対応、つまり感情のコントロールができない状況が生じるようになっていったのです。

具体的にどのような不適切な対応が行われだしたかというと、居室からリビングに案内するときに、歩行が不安定なある入居者さんに対して、手を差し伸べたり介助したりするのとは明らかに違う力で手を引っ張り、進む方向を職員が決めていました。そのときの職員の様子からは、苛立ちを隠せない感じが伝わってきました。また、Sさんが他の入居者さんに不満をもち、肩を少し小突くような行為をしたとき、ある職員は「Sさん、そんなことしないでください！」と相手がおびえるぐらい大きな声を出していました。これは、命令ですし、叱責に近い状況といえます。

小突かれた入居者さんを守るとか、人に暴力を振るってはいけないといった理由からではなく、いつも言うことを聞かないSさんに対して、職員が自らの怒りをぶつけている状況でした。

そして、Sさんと向かい合うときやSさんに関して申し送りを行う際、職員の表情には嫌悪感や諦めが漂うことが多くなりました。そうした状況ですから、一言一言に言ってはいけない言葉が混ざります。Sさんがいすに座るのを介助するとき、思いどおりに動いてくれず、しかも自分は他のことや時間を気にしていて精神的に余裕がない場合には、「だから、ここに座ってください！」といった言葉が発せられます。また、同じ話を繰り返すSさんに対し、途中で「うん、はい、わかったから」と遮ったり……。

多少ましだったと思うのは、あざけったり笑いものにしたりするようなこうした不適切な対応が、他の入居者さんには行われなかったことです。

当然、私としてはこれらの状況を看過していたわけではありません。ひと月に一度行う会議で、Sさんにどう対応すべきかや、ストレスを感じないためにどうしたらいいかなど、経験のある職員がレクチャーを行ったりしました。しかしながら、一度芽生えた職員の負の精神状態は、そう簡単に変えることができませんでした。私たちが、常に職員を監視するような体制をとることもできず、こうして手をこまねいていた時期が半年ぐらい続きました。

3 虐待への道

そのような状況がなかなか改善されず、対応に苦慮していると、状況はますます悪化していきました。

あるとき、Sさんの手首の上の部分に強く握ったような痣《あざ》や、上腕部にぶつかったような痕が残っているのを見つけました。ただ、一般に高齢者の皮膚は内出血しやすく、意図的に強くつかまなくても痣になる場合があります。また、Sさんは足元がふらつくこともあったので、肩や腕、腰などを手すりや家具にぶつけてしまう可能性もありました。

事業所内では、このような内出血に関しても事故報告書を作成することにしているため、これをもとに毎月の会議でその原因を確認したり予防策を考えたりすることを重ねていきました。しかし、痣や痕が減ることはありませんでした。やがて、少しずつですが、範囲が広がっていくとともに頻度も高くなっていきました。

会議で私は「こんなに痣がたくさんできるのは、介助中に必要以上に力が入るからなの？」と職員たちに質問しました。また、「これほど痣があると虐待を疑われる。なによりSさんのためにももっと丁寧な対応を心がけよう」と幾度も話しました。私は、その痣ができたと思われる状況について細かく職員と確認し合ったり、痣ができないようにするにはどうしたらいいか話し合いを続けました。結果、こうした機会をもった直後にはいったん痣は減りましたが、またしばらくするとそれが現れます。

痣は、腕や手首だけではなく、肩や腰、わき腹などにもみられるようになりました。ただ、Sさんの歩行はだんだんと不安定になってきていて、転倒しそうになったりすることもありました。また、失禁も増え、そのため居室が濡れてしまい、それに足を取られて転倒することなども起きました。そのため、痣が大きくなることに対して、虐待を疑うよりも、転倒を防止するために後ろから声をかけないことや、転んだときのために体にクッション材を貼り付けたりといった工夫を行いました。足のふらつきは夜間のトイレ誘導のときや朝方などに多かったので、その際は十分に見守りを行うことにしました。

ようやくこの頃、私の頭の中では、虐待の可能性を考えるようになりました。しかしその一方、「まさかうちの事業所で……」という思い込みもありました。結局、一生懸命働いている職員を目の前にして、それを言うことができませんでしたし、虐待を疑って動き出すこともできませんでした。判断力も決断力も欠如していたと思います。愚かでした。甘さもあったのでしょう。

注意をし、ある程度対策をとると痣が減る。やはり、転倒やふらつき、介助中に思わず力が入ることが原因なのではないか――。ただその頃から、Sさんが男性のA職員に対しておびえたような表情をみせるようになったのです。

その後、しばらく痣がみられることは少なくなりました。Sさんについての話題は、痣よりも、外に出て行方不明になってしまうことでした。こうして、痣に対する私の注意が逸れつつあった矢先、それは見つかったのです。顔に大きな痣……。目の周りを拳で殴られたようなものでした。この時点で虐待は間違いないものになっていましたが、はっきりと確信に変わったのは、体の内側にも痣を見つけたときでした。わきの下に近いわき腹、そして内太もも。それは直径10センチ近くありました。極めつけは、喉仏の少し下の部分に3センチほどもある大きな痣でした。

これらの痣については、当然、事故報告書として私のところに上がってきました。ただ、事故の理由として書かれていたのは、転倒やふらつきというものでした。20年弱の私の介護経験では、転倒した拍子に内太ももを打つことはまず考えられません。まして、転んで喉仏の下に痣ができることなどありえません。

その場にいたA職員に「この傷も転倒してできたと思うの？」と訊きました。「そうだと思います……」。A職員はあいまいに答えました。私は思わず「こんなところに痣ができるような転び方をイメージできる？　本当に転んでいたら命に関わるでしょう！」と語気を強めました。

そのことがあってから私は、証拠が必要だと考え、A職員にはわからないように、Sさんの様子やA職員の勤務状態などの証拠集めを始めました。Sさんの夜間の様子が密かにわかるような手段も講じました。

それから1週間から10日ほど経ちました。A職員が夜勤中にサボっていたと思われる様子はみられるものの、虐待を思わせるような状況はありませんでした。なかなか証拠が出てこないなと思いましたが、あれが転倒などで生じた傷ではないことは確信していましたので、必ず証拠は見つかる——。そう考えていた矢先でした。

夜勤帯を疑っていたところ、やはり就寝介助のときでした。Sさんを無言で押し倒すようにベッドに座らせる様子、その際に「痛い！」と叫ぶSさん。介助時に行う声かけは一切なく、手荒な更衣や体勢の変換。Sさんはおびえたような声で「やめてよ」とつぶやいていました。

そして明け方近く。起床介助に来たA職員が、いきなりSさんの居室に入るなり、「起きろ！　起きろ！　起きろ！」と3回怒鳴りました。それから布団をはがし、すぐにSさんを引き上げます。Sさんの「痛い！　やめて！」という驚き声。そして「俺はお前なんか大嫌いなんだよ！」という罵声……。

ベッドに端坐位《たんざい》にさせ、着替えを簡単に済ませると、また引き立てるようにして立ち上がらせます。その間、介助のときに行うべき声かけはまったくありません。

そして、「立て！」と命令した後に、手を引いて立ち上がらせると、後ろからドンと体を突きます。そして、「つ、つ、つ」とSさんの足がつんのめるような感じの様子……。

確認できたのはここまででした。

4 虐待発生直後に行ったこと

これで十分でした。すぐにA職員を呼び出し、私は「Sさんの体の痣なんだけど、心当たりはない？」と尋ねました。「心当たりはないです」。A職員はそう言い切りました。「俺が、何の証拠もなく、このような質問をあなたにすると思う？」。すると、A職員は少しの沈黙の後、「はい、心当たりがあります……」と答えました。

A職員は、手首の周辺や上腕部を強く握ったような痣について、自分がやったと言いました。転倒しそうになるのを防ぐために思わず強くつかんだというわけではなく、強引に立たせたりするときにつかんだ、と話しました。また、怒鳴ることもあったと言いました。ただ、殴ったりはしていない。そう答えました。

強く握ったり、怒鳴ったと本人が話したので、私はこれを虐待と判断しました。その事実をもとにすぐにSさんのもとへ謝りに行き、そしてご家族と区役所に連絡をとりました。その日、ご家族とは連絡がつきませんでした。

区役所に電話をかけ、「私の運営するグループホーム事業所で虐待と思われる事象が起きました。どなたに報告をすればよいですか？」と伝えると、相手は「それは内部告発ですか？」と尋ねてきました。「いいえ、違います」。するとしばらく沈黙があり、電話の向こうで「自発的な報告のようです！」と驚いた様子で話しているのが聞こえました。担当者と変わり、概要を報告し、明日にでも細かく説明したいと伝え、その日は終わりました。

翌日、区役所に出向き、詳しく報告を行うとともにその後の対応を確認しました。事の重大さがわかっている私はとても緊張し、迷惑をかけてしまったことをあらためて強く感じました。担当者からご家族のことを尋ねられましたが、まだこの時点では連絡がとれておらず、「ご家族と連絡がとれ次第、報告をします」と約束して区役所を後にしました。

その日の夕方、Sさんのご家族と電話がつながりました。私は、ご説明して謝罪をしたいのでお会いしたいと伝えました。「そうですか。わかりました」。抑揚のない声でした。怒ったり、非難したりするわけでもなく、感情を抑えたような様子だったことが、かえって私を辛い気持ちにさせました。お腹の中に大きな鉄の塊が落ちてきたような感じでした。

翌日、ご家族が事業所にお見えになりました。私は謝罪するとともに事の経緯を説明しました。ご家族は冷静に話を聞いていましたが、所々で質問をされました。その後、ご家族の許可をもらい、A職員を同席させました。ご家族からは、A職員に対していくつかの質問がありました。「なぜこのようなことをしたのか？」「一番してはいけないことなのではないか？」。A職員は謝罪の言葉を口にしました。心から後悔しているようにもみえました。

謝罪と説明を終えた後、私はどのようなことを希望されるかを尋ねました。私の体は硬直するぐらい緊張していました。すると、ご家族はおもむろに口を開き、「私の見えるところに（A職員は）いないでほしい」とおっしゃいました。法人や事業所に対しても何か言われるものと、私はうっ血するぐらい手を握りしめていました。短い沈黙がありました。私は、「今後このようなことがないように、最大限尽力いたします」と頭を下げました。ご家族から返ってきたのは、「ぜひそうしてください」という言葉でした。

私は、正直どのような叱責や怒り、嫌味をぶつけられるのだろうかと思っていました。「林田さんは信用をなくした。信用を元に戻すのは、信用を得るよりも何十倍もたいへんだ」「あなたにはこのような仕事をする資格も能力もない」。そんなことを言われるのではないかと身を硬くしていました。なぜなら、もし私の大切な身内にそのようなことがあったら、相手を攻撃せずにはいられないからです。しかし、Sさんのご家族は、私がこの仕事を続けることを赦《ゆる》してくれただけではなく、もう一度チャンスをくださったのでした。

涙が出てきました。それと同時に、あらためてその責任の大きさに心臓が破裂しそうな感覚におそわれました。そして、Sさんに、そしてご家族にもう一度深く謝罪をし、今後は安心して安全に生活していただけるように、全力でやっていくことを誓いました。

5 虐待事件がもたらしたもの

事件が発覚し、A職員の処遇（退職）も決まりましたが、当然それだけですべてが終わったわけではありません。

その後すぐに行ったことは、たった一つです。正確に把握した事実を関係者にきちんと説明することでした。その目的は、いうまでもなく、このようなことが二度と起こらないようにするためです。説明すべき関係者とは、当該事業所の職員はもちろんのこと、他の全事業所の職員、ならびに私が他に関わっている仕事相手などです。

その後、区役所にはご家族との話し合いの内容を伝えました。担当者からは、改善計画書の提出を求められました。そこには、当該事業所の職員などの構成、直後・短期・中長期の改善策の立案とその実施状況を記すことになっていました。

私が改善策として始めたのは、主に面談とレポート作成、そしてミーティングでした。チームメンバーが起こしてしまったことを、職員たちが本当に自分のことととして心に刻み込んでもらうしか、Sさんに対する償いにはなりませんし、Sさんとご家族の気持ちを理解することにはならないと考えたからです。

臨床心理士を招いて面談も行いました。自分がそのような目にあったらどう思うだろうか。家族がそのような事態にあったらどのように感じるだろうか。こうした視点から受け止めてほしい。その反面、今回の虐待を防げなかったことで、必要以上に自分を責めたり、モチベーションを大きく落としたりすることがないようにと考えたことでした。

この他に実施したのは「センター方式」（シートC-1-2）の活用でした（131頁参照）。私は、これまでこのシートについて疑問をもっていました。認知症状態にある方の姿は、これを書く人のフィルターを通したものではないのか、書く人の価値観によってその方を見えなくしてしまうのではないか、といった疑問です。しかし、このよう危機的状況では、私の考えなどにこだわっている暇はありませんでした。

　レポートの提出やセンター方式を用いたミーティングは、その後、毎年3回ほど行いました。シートに最初に描かれた入居者さんの表情はとても暗く、発する言葉はネガティブなものが多くありました。けれどもその後、職員たちが描く入居者さんは、笑顔であったり、ご本人の気持ちを表す積極的な言葉も記されるようになっていきました。

◆◆◆◆

　その後、Sさんはといえば、日増しに元気になり、以前のようなおびえた表情もみられなくなりました。

　今後、二度と虐待を起こさないように、その芽を摘む努力は続ける必要があります。そのために、職員間での話し合いやレポート提出、研修などは常に行っていく必要があります。しかし、一度起きてしまったこの事件は、私の想像を大きく超えて今でも傷痕となっています。本当にあれで解決したのだろうかと――。

一つは、常に職員たちを疑い続けなければならなくなったことです。強く握った手の痕や蹴ったような傷は、A職員によるものです。ただ、のど元の痣は、つまむ以外、あのような痕にはなりえません。つまむのと蹴ったり強く握ったりするのとは、大きく異なる行為のように思えます。つまり、A職員の他に虐待を行った者がいるのではないかという疑念がぬぐえないのです。

もちろん、この事件後、手首の痣なども含め、虐待を連想させるような形跡はありません。しかし、トラウマのようにどうしても「本当はどうだったのだろう」と考えてしまいます。今働いている職員たちには申し訳なく思いますが、ふと不安になるのです。

もう一つは、今後も絶対に虐待が起きないとは言い切れないことです。確かに防ぐ手立ては講じています。各事業所での会議で、その背景なども含め職員に細かく説明し、理解を促してきました。しかしあれから時が経ち、当時のことを知っている職員らが退職し、新しい職員が増えています。そのようななかで、この事件のことがどの程度伝わっているか、そして虐待に対する恐怖心をどれほど肌で感じているかと思うと、心もとありません。

また、介護現場を取り巻く環境は悪化し続けています。介護職が慢性的に足りない。適性のない人が応募してくる。それでも、適性のない人を採用せざるをえない。物価が上がっているのに介護報酬は下がっている現実もあります。これらが、いつ虐待の引き金になるかと思うと、単に私一人や私が運営する法人だけの問題ではありません。それを考えると、えも言えぬ不安をおぼえます。

あらためて、この事件のダメージがどれほど大きいか思い知らされます。

PART 4

虐待へつながる道を断つ

リスクマネジメントとは、リスクを事前に回避するプロセスのことです。虐待についても当然必要です。

私の運営する事業所で虐待が起きたのは、職員の教育が十分でなかったことや人材が不足していたことだけではなく、さまざまな状況の変化に対応していく、もしくはその先の予測を行い、対応の準備をしておく運営ができていなかったことに起因していると考えます。つまり、私は、直接ケアを行う介護職やリーダーの立場だけではなく、経営者としてリスクマネジメントを考えておくべきでした。

10年前と比較して、求職に応募してくる者が減っているとともに、職員の知識・経験は低下しています。こうした様変わりをわかっているつもりでしたが、それに対する準備は十分とはいえませんでした。「これまで大丈夫だったから」という発想を転換させることができていませんでした。そのことが、判断を鈍らせ、決断を遅れさせたのだと思います。

虐待は利用者さんならびにその家族に大きな被害をもたらしますが、会社や施設にとっても大きなリスクです。その意味で、虐待につながる前兆を把握し、それが

虐待に至らないように備える必要性があることに間違いはありません。

不適切な対応や虐待は突然起きるわけではありません。必ず何かしらの前兆というものがあります。こうしたわずかな徴候・変化に対し、運営責任者から入職して間もない職員までが、全員で意識を高めていく必要があります。

次頁以降においては、初期・中期・末期に分けて、それぞれどのような徴候・状況がみられるのか、その典型的なものをいくつかあげてみました。

対策 職員相互で、言動や表情に気を配る必要がある。また、グループホームなどであれば管理者が、特養などであればフロアリーダーまたは主任が、職員に声をかけ、精神的な疲労・肉体的な疲労を把握する。それと同時に、職員間の関係性が上下関係だけに固定していないか、互いに意見が言いにくい状況になっていないかなどに気をつけ、それを改善していくことが求められる。直接介護を行う立場の責任者は、「スタッフの対応で○○さんの表情が明るくなった」「○○さんがとても素敵ことをおっしゃっていた」など、具体的なことを言葉にして伝え、大切なことを忘れそうになっている職員に、そのことを思い出させるような工夫が必要。

ため息・舌打ち

利用者さんの面前ではなく、利用者さんのいないところで、ため息をついたり、舌打ちを行ったりする。たとえば、便で汚れた衣類を洗濯する際や、排せつ介助・入浴介助の前後など。仕事の多さや難しさに対してそれがみられるのではなく、その背景には、仕事に対する不平や職場の人間関係に対する不満などが潜んでいる可能性がある。

不十分な声かけ

介助の際には利用者さんの意思の確認が必要だということを学んでいるものの、十分に理解していない。たとえば、車いすの利用者さんの移動介助を行う場合、「○○さん、動きますね」という声かけがなく、相手の意思・様子を確認することもない。こうした場面での心境として、「作業を早く終えたい」という思いがあることがうかがえる。このように、十分に声かけを行うことなく、利用者さんの存在を軽んじ、職員の都合で物事を進めようとする。

stageI 初期

明らかな虐待はみられないが、職員は疲れた顔やこわばった表情、きつい眼差しで働いている。利用者さんの表情も暗い。自分がやらなければならないことに追われ、利用者さんからの声かけや視線に気がつかない。無表情で返事をしたり、声色に苛立ちが含まれていたりする。時折、丁寧な返事や柔らかい表情もみられ、適切に対応できているときもある。

友達口調・無礼な言葉

常に「タメ口」（友達口調）だったり、無礼な言葉を使う。状況や利用者さんとの関係性を把握できておらず、適切かつ柔軟な言葉づかいができない。丁寧な言葉を形式的に用いているだけという場合もある。

手をやや強く引く

利用者さんの斜め前に立ち、利用者さんと同じ方向を見ながら手を引く。もしくは、正面に向かい合って立ち、後退しながら両手を引く。その際、手は体を支えるために差し出しているのではなく、利用者さんの手を引くことを意図している。本人の意思（行きたい方向）や歩行速度に合わせることなく、職員が方向やスピードを決めている。

対策 即応が必要。このような状況を目にしたり気づいたりした職員は、上席者に相談して対応を急がなければならない。上席者は、すぐに詳細な報告を再度求める必要がある。また、会議にて注意を喚起したり、防止のための研修などを行う。その後は、継続的な研修機会が必要とされる。移乗の介助などでできた痣に関しても、不十分な技術を改善すべく、教育・研修が求められる。環境面では、体をぶつけそうなところに保護のクッションを設置するなど、速やかな対応が必要。なお、虐待でできた痣ではなくとも、介助に配慮が足りず、利用者さんがぞんざいに扱われていたことは事実である。したがって、会議などでは、そうした心理状態に至る理由にまで踏み込み、対策を立てる必要がある。

利用者さんの陰口

介助のしにくさや利用者さんへの不満などをスタッフルームで話す。たとえば「あの人、太りすぎでしょ。介助する身にもなってほしいよね」「あの人、『認知』だから言ってもしかたないよ」「薬で落ち着かせよう」など。おしなべて日ごろの対応の根底にこうした心理がある。個々の症状や生活障害、その人の歴史や価値観などは一切関係なく、「認知症だから」ととらえている。本人の人格や意思を無視し、「認知」と侮蔑的に表現したりもする。一人が一方的に陰口・悪口を言うのではなく、複数の職員同士でこうした会話が行われることも少なくない。それは、的確なタイミングで必要な情報を交換しているのではなく、自分たちの鬱憤を晴らすのが目的。職場全体で、このような会話が許されている状況が存在する。

小さな痣ができる

介助中に十分な配慮がなく、くるぶし周辺や膝の外側、ひじ、腰の側面などに痣ができる。移乗の際に、車いすやベッド柵などにぶつけたと思われる痣も頻発。

stageⅡ 中期

不適切な対応が多くみられ、虐待に近い状況。利用者さんの生活や現場にすでに影響が出ている。だが、まだ表面化していなかったり、認識が不十分だったりすることで、具体的な対応策が行われていない。この時期に適切な介入をしないと、職員は自分の感情をコントロールできなくなり、介護職としての仕事も難しくなる。ただし、周囲の職員などによるフォローがあれば、深刻な状況に至るのを回避できる可能性がある。

語気を強めた発言

「あー、もう！」「××してくださいよ！」など、語気を強めて言う。これまで利用者さんの生活より自分の都合を優先させてきた職員が、さらにその傾向を強めている段階。利用者さんの生活を支えるという視点はなく、業務や作業の連続としか考えられない。したがって、できるだけ楽をしたがり、それがスムーズに進まないとストレスを抱え、こうした乱暴な言葉づかいや命令口調になる。言うことを聞かない利用者さんは、「業務を邪魔する人」「面倒をかける人」ととらえている。なお、業務スケジュールや他の職員·上司からの指示などをプレッシャーと感じており、他の職員から文句を言われず、最低限の仕事をこなすことしか頭にない。

強く手を引いて誘導する

利用者さんの意思（行きたい方向）に関係なく、職員の都合や目的のために、強く手を引いて誘導する。職員が決めた速度で歩き、必ずしも利用者さんに適したものではない。利用者さんが何かに興味を示したとしても、「そっちじゃないですよ」とあからさまに留めようとする。はたから見ていても無理やり連れて行っていることがわかる。

対策 虐待の事実確認、そのための内部調査·外部調査、報告書の作成、それに基づいた改善計画案・再発防止案立案、そして実施が必要となる。痣については、日ごろから物音に意識を向けることが重要。その音などから、転倒の程度と痣の大きさの因果関係を推測する。また、どのような態勢で倒れていたかなどを細かく確認することが重要である。「その体勢でその場所に痣ができるのか」という質問は必ず投げかける必要がある。そうしないと、痣が本当に転倒で生じたとしても、その後虐待が起きたときに、「転倒と言えば大丈夫」と考える職員が出てこないとも限らない。改善・再発防止のためには、研修などを細やかに続けるとともに、起こしてしまった虐待の事実を必要な相手にその都度説明していく（グループホームであれば運営推進会議。特養などであれば家族会など)。隠ぺいや虚偽報告は決してあってはならない。妥協的な対応も許されない。隠ぺい・虚偽、妥協といった態度は、言葉にしなくても事業所や法人全体に伝わり、再び虐待を引き起こす土壌となる。もちろん、虐待を受けた方やそのご家族の心情をどれほどくみ取り、どう謝罪し、どのように償うかといった対応も重要となる。

大きな痣

体の内側（太ももの内側・後ろ側、わき腹の上、内側のくるぶし、腕の内側、膝の内側·裏など）に青い痣（内出血）ができる。直径は3cm以上。転倒や転倒しそうになってどこかにぶつけたとは考えにくく、殴打されたり、蹴られたりした可能性が高い（痣が体の外側にある場合には、転倒やぶつかってできた可能性もある)。赤くなったり黄色くなったりしているものは、血液が拡散しているため、元の大きさがわかりにくい。痣が床のフローリングの形状に似ていたり、靴ひもの痕が付いている場合、あるいは小さな擦過傷がある場合は、暴力か転倒かどうかの判断の根拠になることもある。

stageⅢ 末期

明らかな虐待といえる状況。事業所内は、非常に荒んだ状況になっている。排泄物の匂いが充満していたり、職員は利用者さんを見守ることなくしゃべっていたりする。あちらこちらで、職員や利用者さんの大声が聞こえていたりもする。待ったなしでの状況で、経営者・管理者は覚悟を決める必要がある。

罵声・命令

「いい加減にしろよ！」「立て！」などの罵声・命令。身体的な障害をもつ方に対してよりも、認知症状態にある方に対して言うことが多い。自分の都合だけで仕事を進めたり、利用者さんを動かしたりするとともに、認知症の症状（同じ話の繰り返しや言葉の理解の低下）やご本人の気持ちをまったく理解しようとしない。その背景には、その職員や所属しているチームが大きなストレスを抱え、長い間それを解決していない状況がある。本来、介護を職業に選ぶべきではない（介護の資質がまったく欠けている）職員が紛れ込んでいることもある。

痣が残るほどの力で立ち上がらせる

職員の指の形が利用者さんの手首に残っていたり、両方の上腕部に指の痕が残っていたりする。不注意で付けた軽微な痣ではなく、イライラした職員によるもの。体の傾きがあったり、関節の拘縮があったりする利用者さんにみられることが多い。とにかく、対応が乱暴かつぞんざいで、仕事に対する気持ちは切れてしまっている状態。

PART 5

虐待を起こさないためにできること

1 **目的**を**共有**する

虐待や不適切な対応を予防するには、チーム作りが大事になります。そこからがスタートです。

介護という私たちの仕事の特徴は、介護職一人だけで完結しないという点にあります。特養や老健、グループホームなどであれば、一人の利用者さんに対し、複数の職員が関わります。

よいチームは、質の高いケアを提供できるのはいうまでもありません。また、不適切な対応や虐待を防ぐ〝切り札〟という側面をもっています。それでは、チームを作っていくときに必要なことは何でしょうか。

まず大切なのは、「目的を共有しておくこと」です。チームとは、ある目的のために集まり、日々、個々人が努力し協力するものです。ですから、目的を共有していないチームとはいえません。「烏合《うごう》の衆《しゅう》」であり、「仲良しクラブ」です。「仲良しクラブだってチームだ」という人がいるかもしれませんが、仲良しクラブとチームとでは明確な違いがあります。チームは、その目的のためにチーム内の人間関係を構築していきますが、仲良しクラブは、目的よりも自分たちの人間関係を優先させます。

こうした仲良しクラブ状態は、不適切な対応が起こった場合、人間関係が悪くなることを恐れて、それに対して指摘や注意をしないといったことがみられます。たとえば、車いすの利用者さんに対し、十分に意思を確認しないまま移動の介助を行おうとするA職員に対し、B職員は注意するのをためらうなどです。この時点で、B職員は、利用者さんの意思や存在より、A職員との関係性を優先させたことになります。

利用者さんの意思確認を十分に行わないというのは、自立支援を目的とする介護現場において、その土台を崩す行為であり、絶対にやってはいけないことです。したがって、それを注意できないというのは、もはや目的を共有したチームとはいえません。

ただ、目的を共有できたとしても、私たちの仕事は、その目的を達成するための目標の設定がたいへん難しいのも事実です。たとえば、販売などの仕事であれば、売上というわかりやすい目標設定があります。一方、介護における目標は、たとえば利用者さんのモチベーション維持といったこともあるため、数値を設定するのは容易ではありません。その意味で、目的までどのような目標を設定して辿り着けばいいのかがイメージできないことが多いのです。

いずれにしても、私たちは共通の目的の下、それを成し遂げるべく目標を掲げ、その目標に近づくための日々の実践について、職員間で十分に共有する必要があります。

2 コミュニケーションを高める

目的の共有と同等に重要なのは、チーム内でのコミュニケーションです。目的を具現化し、目標に向かって実践し、その内容を職員間で共有するためには何よりコミュニケーションが必要です。そして、チーム内でのコミュニケーションの量と質が、虐待や不適切な対応を生じさせるかどうかに大きな影響を及ぼします。

ただ、コミュニケーションと一言でいっても多様です。そこでおさえておきたいのは、コミュニケーションとは「意思の疎通」であるという認識です。この当たり前で本質的なことを理解せずに「コミュニケーションが大事」などと言っても意味がありません。

チームの中で意思疎通は、前述したように目的に沿ったものでなければなりません。テレビドラマやスポーツの話で盛り上がるのが緊張感をほぐすのに有効な場合もありますが、それはおしゃべりのレベルです。

まず、申し送りや会議の場で、速やかに優先すべきことや重要なことを把握・共有し、それについて話し合えることが大切です。これにはトレーニングが必要ですが、可能であればスーパーバイズを受けながら行うとよいでしょう。

具体的には、その日体調の悪い利用者さんについて的確に報告できるか、優先順位をつけて今日やらなければならないことを決定できているか、日ごろの懸案について解決できる時間を今日どうやったら確保できるかを言えるかなどです。つまり、重要なこととそうではないことの区別をつけられる、重要なことを臨機応変に決められる、そしてそれを的確に話せるようになるということです。

こうしたことをさらに細かいレベルで短時間に報告し、その日のやるべきことが明確化し、かつ、それが目的と合致しているかどうかの確認がチーム内でできていることが重要です。

次に、日ごろのコミュニケーションを利用して職員同士が認識・理解を深め合うことです。たとえば、利用者さんの外出を支援するときに、職員間で声をかけ合う場面があります。その際に、「外出してきます」ではなく、「最近、○○さんが外に出られる機会が少なかったので、一緒に外出してきます」と声をかけるようにします。

ひと言で済むのにくどいのではないかと、最初は違和感があるかもしれませんが、これを繰り返すことが大切です。なぜなら、自分がその利用者さんについてどう考え、何のためにケアを行おうとしているかを説明しないと、「なんでそんなことを勝手にするんだろう」と不信や不満が生じるからです。信頼関係が構築されていない職員同士の場合ではなおさらです。

ついつい、言わなくてもわかっているだろうと思いがちになりますが、目的の共有や共通認識が深まるまでは、このようなことを丹念にやっていくことが、質の高いコミュニケーションを築くことにつながります。

なお、そのときの状況や環境において、そのケアがもっとも優先順位が高かったかどうかを後で検証することは、コミュニケーション能力をアップさせるとても効果の高い〝ミニ研修〟となります。

このような意識的なコミュニケーションを3か月から6か月続けることで、細かいことを言わなくても、互いの考えていることがわかり、そのケアが適切かどうかを理解し合えるようになります。ひいては、アイコンタクトによる意思の疎通が可能となり、必要なケアの認識を的確に瞬時に共有できるようになります。

3 言いにくいことを言い合う

虐待や不適切な対応を防ぐためには、職員が利用者さんやケアなどに関する悩みを言い合える場も必要です。そこで、こうした時間を、数か月おきにケース会議などの場に設けます。

一般に、特定の利用者さんの名前を出して、「○○さんの対応は難しい」「こんなとき、イライラする」などとは言いにくいものです。とりわけ、まじめで一生懸命なチームでは、タブーとなりがちです。悩みを打ち明けるのをためらったり、質問さえもできなかったりします。

そのようなチームにおいて、どうやってケアをしたらいいのかわからない、あるいはそれを他の職員に尋ねることができないとなると、その結果としてストレスを抱える職員は退職を選んでしまうことにもなります。

このようなまじめな職員が辞めてしまうのはとても残念ですが、退職という選択は、ある意味で、虐待などを起こさないための「防衛行動」ともいえます。一方、まじめで一生懸命なチームであるがゆえに、追い詰められ、思い余った職員が突発的に虐待という行為に出てしまう可能性もないとはいえません。

そのような状況にならないためにも、ストレスを感じた出来事を話したり、悩みを言い合えるような時間帯をつくるのです。

このときだけは、どんな話でも口にできるようにします。たとえば、「○○さんの態度や言動にイラッとしてしまった」「職員の数が少ないときに、○○さんが外に出て行こうとされ、すごく困った」「何度お風呂に誘導してもなかなか入ってもらえず、無理やり入れてしまった」などです。

この場では、経験の長い人や専門的な資格をもつ人、上席者は、アドバイスをするのを極力避けることが求められます。もっともしてはいけないのは、ようやく話しやすい雰囲気になったときに話の腰を折り、「それはさぁ……」などと偉そうに説教を始めたりすることです。

ポイントは、どの職員も悩みや問題を自由に口にできる雰囲気をつくることです。また、それに対して、他の職員が共感し、かつ共感しただけでは終わらず、みんなで解決策を考えていくというプロセスを踏めるよう誘導することです。

なお、このような機会を設ける際に冒頭で伝えておくべきことがあります。それは、「こういう場を用意したのですから、陰で利用者さんに対する不満や批判は絶対にしないようにしましょう。この場で解決していきましょう」という約束です。

利用者さんに対する陰口・悪口は、虐待につながる可能性をもっています。けれども、人はどうしてもそのようなことを言ってしまいがちです。言わずにいられないことを放置しない。これが、このような機会を設ける一番の理由です。

4 気づきを深める体験

前項では、ケアに関する悩みや言いにくいことを言い合う場をつくることについて述べました。ここで紹介するのは、さらに効果を上げる方法です。

正直に話してもらうという点では同じですが、自分でもあまり意識していない、奥底にある感情や考えに気づく機会をつくるというものです。

たとえば、「他の入居者さんから悪口を言われるIさんを見ているのがつらくて……」と話してくれた職員がいたとします。それに対しては、次のような質問を投げかけ、感情や思考を深めることを促します。

1◆Iさんがどのような言葉で傷ついていると思ったのか
2◆Iさんのどのような表情で傷ついていると思ったのか
3◆どのような時間帯で、誰の言葉で傷ついているのか

4◆Iさんがつらいと言っているのを聞いたことがあるのか
5◆悪口を言われていることに関して、Iさんがどのように思っているか尋ねたことがあるのか

この「他の入居者さんから悪口を言われるIさんを見ているのがつらくて……」というフレーズの場合、実は「つらい」のは自分自身であることに気づいていない可能性があります。つまり、Iさんが悪口を言われている状況を見て、「Iさんがつらそう」ではなく、「(自分が)見ているのがつらい」。そこに気づきが必要なのです。

本人は事実を正直に話したつもりでも、それを正確に表現できていないことが多くあります。そこで、自分が発した言葉が、どのような状況に基づいて発せられたのか、どのような感情・思考から出てきたものかを探っていくのです。

それは、入居者さんの心情と自分の心情とを分けていく作業です。一定の心理的距離をおくことです。それによって、職員は、入居者さんと一緒に生活していくな

かで、必要以上に自分を責めたり、イライラしたりするのを減らしたりでき、その方を支えていくためにもっとも有効で必要な手段は何かを、冷静に考えることができるようになります。

5 研修と仕事における脳をつなぎ合わせる

研修の講師をしていると、とても熱心にノートをとり、私のほうを何度も見てうなずいてくれる人がいます。講師としてはとても話しやすく、ありがたいものです。ところが、研修に熱心だったそのような人が、職場においては「この前話したことは、どこに消えてしまったのだろう？」と首をかしげざるをえないと感じることが少なくありません。研修（座学）は試験に備えるためではありません。研修で学んだことを介護という実践の場で生かしてほしいのです。

研修が実践に生かされない大きな原因は、研修で使う脳（記憶することが中心）と現場で実践する脳（状況の判断が中心）では、使い方が違うからではないかと思います。つまり、研修中の記憶は実践における判断として使われることはなく、これまでの経験などが優先されてしまいます。

これを防ぐには、研修中の記憶と、現場での判断をつなげていくことが必要です。具体的には、研修で学んだことを実践中に思い出し、一方、研修中は実践の記憶や判断を思い出します。それによって、研修そのものの記憶を色濃くするのです。

実践の記憶・判断を取り入れた研修としてあげられるのが、テーマに沿った実践報告を行うグループワークです。ですが、単に実践報告だけではさして効果はありません。そこで、研修生に、日ごろ支援している実際の利用者さんのことを、目をつぶって思い出してもらう時間をつくるのです。

たとえば、適切な食事介助のことがテーマだとします。その場合には、漫然と話を聞くのではなく、自分が普段食事介助している利用者さんを一人だけ選び、思い返してもらいます。その方の咀嚼《そしゃく》の速度、嚥下のスムーズさ、右と左どちら側で噛むのか、繊維質や硬いものをどのくらい噛めるのか。このように、日ごろ実践で観察していることを意識しながら研修の講義や事例報告を聞くことで、自分のスキルを客観視できるようになり、その向上につなげられるようになります。

虐待に関する研修ではなおのことです。「虐待はいけない」「虐待は相手の尊厳を奪う」などという表層的な理解にとどまっていてはいけません。そのためには、イライラしたときの自分の感情を思い出したり、実際の利用者さんをリアルに頭の中でイメージすることが必要です。

6 拘束などの体験

虐待や不適切な対応は、認知症状態にある方の感覚や感情をイメージできないことがそれを起こさせる大きな要因です。したがって、可能な範囲でその体験を試みます。

これまで私が行ってきたものでは、次の6つがあります。

◆つなぎ服の着用
◆ミトンの装着
◆いすに座り、両手両足および腰を拘束する
◆両手を縛った状態で雑に食事介助を行う（たとえばプリンが口からこぼれるようなやり方）

◆グループの中の一人が耳栓をし、他の人はその人に対して陰口を言う
◆話しかけられても無視をする

身体拘束

介護職であっても、身体拘束（フィジカルロック）などの体験というのはほとんどないのが一般的です。その体験は当然ながら不快感や苦痛という実感を伴います。

たとえば、座った状態で手足を拘束され、腰まで固定されると、お尻が痛くなります。褥瘡ができていく初期の体験です。ほとんどの者は、1時間以内にギブアップします。一方、今でも、病院や福祉施設で車いすに安全ベルトを付けられ、手を拘束されている方を見かけます。その人は、2時間は座らされているのです。

ミトンの装着は、大したダメージがないように思われますが、実際に長く付けてみると、手の感覚がおかしくなってきます。また、ある程度動かせるにしても、顔すら掻くことができず、イライラがつのります。

実感を養うさまざまな体験

- つなぎ服
- ミトン
- いすで両手両足・腰を拘束
- 両手を縛り、雑な食事介助
- 耳栓をした者に陰口を言う
- 話しかけられても無視

ここで一つおさえておかなければならないのは、こうした体験を味わってもらう際に、私は職員や研修生たちに対し了解をとっているということです。彼らは承諾しているのです。そして、承諾しつつも、不快感や中止を訴えられるのです。

一方、認知症状態にある方たちは、説明も了解もなしで手足を縛られてしまいます(家族は承諾しているかもしれませんが)。その意味で、この体験を行う介護職は、その不条理や、拘束をされている方たちの怒り・悲しみにも思いを至らせる必要があります。

耳栓をして噂話

グループになり、その中の一人が耳栓をし、他の人たちはその人のことを噂する(ふりをする)。この体験学習について解説します。

職場や知人同士で5~6人のグループをつくり、その中の一人に耳栓をしてもらいます(以下、この人をMさんという)。Mさんには、「今からあなたの話をします」

とだけ伝えます。一方、他のメンバーたちには、「Mさんの話をしてください。Mさんの長所や素敵なところをたくさん話し合ってください。ただし、嫌味を言うような表情や、毛嫌いするような顔をときどきして、Mさんをちらちら見ながら話をしてください」と伝えます。

グループでこれを行った後、どうなるかというと、おわかりだと思います。Mさんは、「すごく不愉快で不安になった」「イライラして、本当に嫌な気持ちになった」と言います。他のメンバーは顔見知りや同僚なわけですし、研修で行っていることを理解していても、すべてこのような結果になります。「あなたのことを褒めていたんですよ」と伝えると、一様にホッとした表情になりますが、中には「本当にそうですか?」とずっと疑いをぬぐえない人もいます。

認知症状態にある方は、一般に言語によるコミュニケーションが難しくなっています。その一方、言葉で理解する能力が低下していくぶん、見ることによる情報収集能力が高くなっていることが少なくありません。

それは理にかなっています。自分がどのような環境におかれ、これから何をしたらいいのか、何をされるのか、言語では理解が困難になっているため、目からの情報収集能力を鍛え上げていくのです。それは、生きんがための観察ですから、ボーッとした介護職などが想像するよりずっと能力が高いのです。

目からの情報は重要です。にもかかわらず、介護職のなかにはそのことを理解していない人が少なくありません。だから、利用者さんの前で平気で困った顔をしたり、不快な表情を示したり、余裕のない様子を見せたりするのです。「見られている」という意識が欠けているのです。それに対して、利用者さんはどれだけ不安や不快感を感じていることでしょうか。

7 センター方式を使う

「センター方式」とは、シートの記入を通じて、認知症状態にある方がよりよく暮らしていくためのさまざまな可能性やケアのヒントを見つけるためのツールとして、多くの介護事業所などで用いられているものです。認知症介護研究・研修東京センターによって開発されたもので、当センターのウェブサイトからダウンロードが可能です。

数種類あるシートのうち、「私の姿と気持ちシート」（シートC-1-2）は、対象の認知症状態にある方の絵を中心に描き、本人が今どのようなことを要望していたり、考えていたりするのかを推察して記入するものです。

虐待を防ぐには、相手の人格や価値観、歴史、気持ちなどにどれだけ思い至ることができるかどうかがとても大きな分かれ目です。したがって、その入り口として、

センター方式「私の姿と気持ちシート」の例

C-1-2 心身の情報（私の姿と気持ちシート）　名前　記入日:20　年　月　日／記入者

◎私の今の姿と気持ちを書いてください。
※まん中の空白部分に私のありのままの姿を書いてみてください。もう一度私の姿をよく思い起こし、場合によっては私の様子や表情をよく見てください。
左側のように、様々な身体の問題を抱えながら、私がどんな気持ちで暮らしているのかを吹き出しに書き込んでください。
（次の記号を冒頭に付けて誰からの情報かを明確にしましょう。●私が言ったこと、△家族が言ったこと、○ケア者が気づいたこと、ケアのヒントやアイデア）

私の姿です

私の不安や苦痛、悲しみは…
●時々右ヒザが痛むんだあ。
●誰も来ないけど、皆元気なのかなあ。
●転ばないように気をつけなくちゃ。

私が嬉しいこと、楽しいこと、快と感じることは…
●やっぱり息子が来るとうれしいね。
●やっぱり一日一回会わないと元気が出ないよ。
●ここにいると安心だあ～何でもしてもらえるし…。
○職員から頼まれるとうれしそうに行ってくれる。
●昔歌が好きだったから歌番組が好きだなあ。
○昔働いていた頃の話をしているときイキイキしている。

私の介護への願いや要望は…
●こうやって皆に世話になって本当に申し訳ないねえ。トイレにも一人で行けないんだ。
○何か嫌なことがあると落ちこんでしまう。（元気がなくなる）
●そんな時は話をきいて欲しい。
●皆良くしてくれるから幸せだ。

私がやりたいことや願い・要望は…
●たまには家に帰りたいねえ。家の中がどうなってるんだか心配なんだよ。
●ピザが食べたい!!
●今にスタスタ歩けるようになるからねえ。
●私も皆みたいに歩けたらなあ…。

私が受けている医療への願いや要望は…
●良く診てくれるんだよお。安心なんだ。昔からの付き合いだから…。

私のターミナルや死後についての願いや要望は…
●いつまで生きてんだかなあ、こんな人追い出しちゃいな。
●やっぱり一度家に帰りたいなあ。

1-2　©認知症介護研究・研修東京センター（0704）

＊センター方式
https://www.dcnet.gr.jp/study/centermethod/center03.html

本人がどのような表情をしているかを絵に描き、その方が何を考え、どんなことを大切にしているだろうかと思いを巡らせることに価値があります。

8 ビデオ撮影で客観視

ケアしている自分の姿を第三者的に見る訓練は、虐待や不適切な対応を防ぐことにつながります。

前述しましたが、私は、特養時代に危うく入居者さんに暴力をふるいそうになりました。それを紙一重で防いでくれたのは、洗面台の鏡に映った自分の姿でした。それは、本当にたまたまのことでしたが、その後、このときの経験はずっと生きています。追い詰められそうになったとき、「自分の今の姿が鏡に映っていたらどんなふうに見えるだろう」と一呼吸置いて、表情や言葉をどうしたらいいか考えることができるようになり、やがて自分で自分を追い込むことも少なくなりました。

ケアをしている自分の姿というのは自分で見ることができません。そこで効果的なのがビデオ撮影です。他の職員に撮ってもらったり、リビングを見渡せる所などにカメラを置いて撮影したりします。

録画を観ることによって、自分がどのような方法で介助をしているか、自分がどのような位置関係で利用者さんを見守っているかなどを知ることができます。介助方法といった初歩的な学習から、認知症状態にある方とのコミュニケーションのとり方などの高度な技術の習得に至るまで、映像はさまざまに利用できます。スーパーバイズを得たり、職員同士で確認し合ったりすることができれば、より効果的です。

なお、一人での撮影に抵抗があれば、最初は、職員同士のロールプレイを撮ることから始めてもいいと思います。

ビデオ撮影という方法を何度か繰り返した後は、実際にカメラがなくても、自分の中でカメラを作り出すようトレーニングすることが大事です。具体的には、仕事に入る前、斜め上のほうから自分の姿をイメージ（俯瞰《ふかん》）します。また、ケアの最中は、介助を行う直前に一瞬でもよいので、自分の姿を思い浮かべるようにします。

一朝一夕というわけにはいきませんが、こうした訓練を続けていくと、慌てるような場面や、ついイラッとしてしまうとき、冷静な対応ができるようになっていきます。

9 面談を重ねる

研修などを繰り返すことも大切ですが、管理者や主任などの上席者が職員と面談を行う機会はなくてはならないものです。それは、虐待や不適切な対応を防ぐために重要であるだけではなく、人材育成や健全な運営という観点においても不可欠だと思われます。

確かに職員との面談は時間を要します。また、事業主に対する批判や、他の職員もしくは面談者に対する不平・不満など、思わぬ言葉を投げつけられる可能性があります。そのため、身構えたり億劫になったりするものです。しかし、人が人を支え、人間同士が生活を営む介護現場において、そこで生じる軋轢やストレスは、結局、人間が解決していくしかないと考えます。

面談は、オーソドックスに一対一で行います。集団で（複数を相手に）面談を行うよさもありますが、その場合、言いにくいことが言えなかったり、職員同士がけん制したり、影響されたりして、効果を得られないということもあります。

一対一の面談は双方緊張を伴いますが、その緊張感も要素といえます。もっとも気をつけることは、虐待などのネガティブな話題でも、職員にできるだけ主体的に話をしてもらうことです。

私が心がけているのは、全体の会話の量・時間を10としたとき、7割を職員が話せるようにすることです。2割は、面談者が質問したり、話を促したりします。そして残りの1割がアドバイスになります（これはなくてもよい場合があります）。そのような面談を数回重ねていきます。

もっともやってはいけないのは、これらの配分が逆になることです。全体の7割を面談者の話に使い、2割を質問し、1割だけ職員がしゃべるといった状況です。職員が返事だけしていたり作り笑いをするような状況では、面談の意味がありません。

職員に主体的に話をしてもらうにはどうしたらよいか。それは、ひとえに「質問

面談における会話の配分

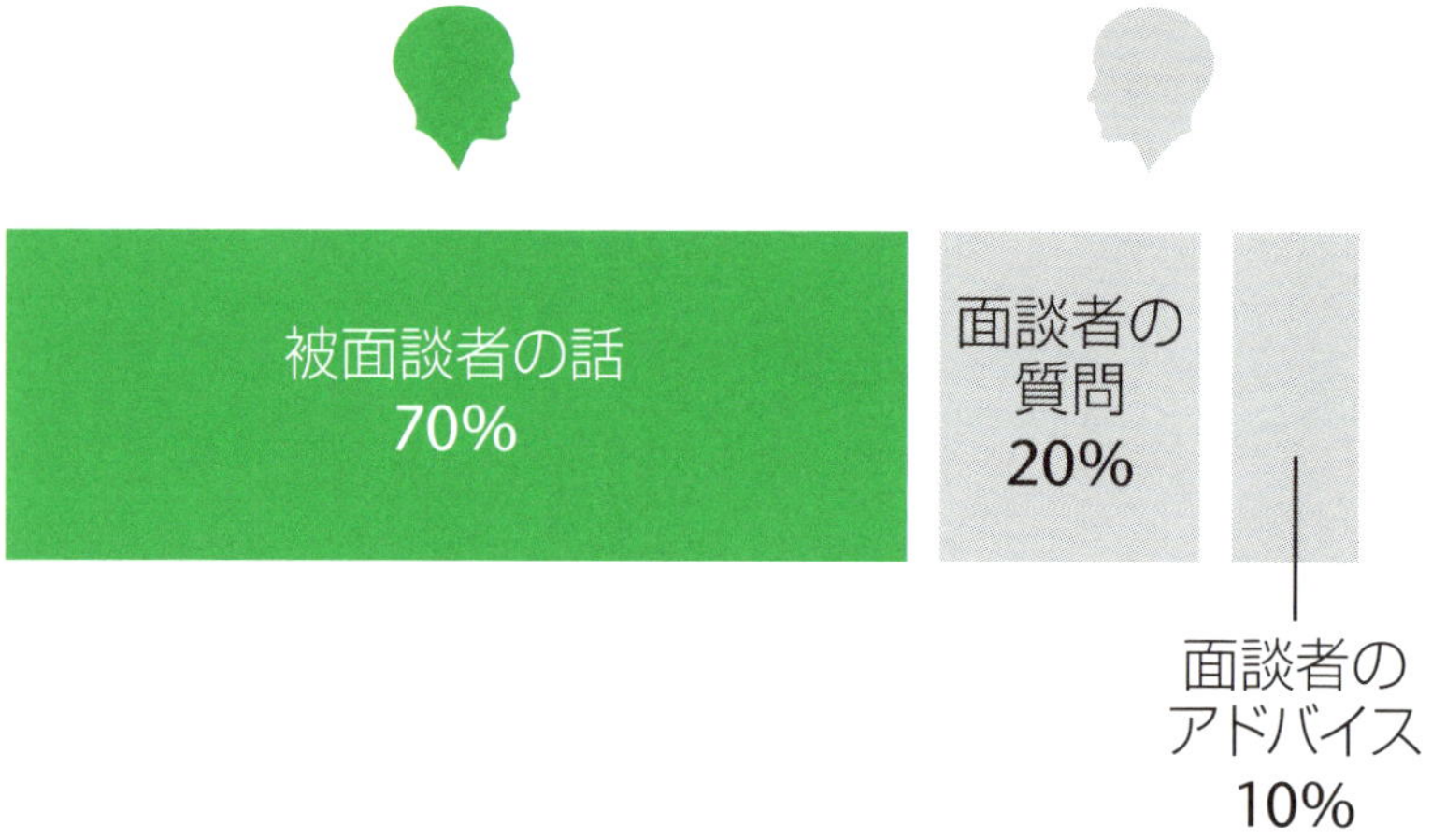

力」を高めておくことです。具体的には、最初は「最近、仕事について思うことはありますか？」など、相手が答えやすい話題から返事を引き出していきます。職員が「別に大丈夫です」といった返事をするようであれば、日ごろの様子を話題に「この前の○○さんに対するケアのやり方はよかったよね」などと続けていきます。

職員の話が不安や悩みのようなものになってきたら、すぐにそれを評価したりアドバイスしたりするのではなく、話が深まるようにじっくりと耳を傾け、不安・悩みの源がどこにあるのか自分で気づけるように質問を重ねていきます。

他の職員に対して不満などを訴えてきた場合は、すぐに否定したりしないようにします。どのようなときに不満をもつのか、それは利用者さんにとって不利益なのか、自分の価値観としてどう許せないのかなど、思考や感情を整理できるように手助けを行うことが必要です。

どのような面談もそうですが、目的の共通理解が十分に得られているか確認しながら話を進めていくことが大事になります。つまり、何のために誰のためにしている対話なのかを外さないことです。

質問が長続きしないようなときは、無理に話を長引かせる必要はありません。短い時間の面談の回数を増やすことです。なお、長時間にわたる面談の場合には、次回まで少し頭の整理をできるような時間をつくってあげることも必要になります。いずれにしても、対象の職員の性格や能力、面談のテーマなどに応じて変えていく必要があります。

こうした面談は、最近よく耳にする「ストレスマネジメント」や「カウンセリング」に近いものです。面談者が職場にいない場合は、外部の専門家や同業の知人などにそれを委ねる方法もあります。

一つだけ気をつけなければならないことがあります。職員が精神的な不調を抱えている場合です。このような職員に面談を強行すると、面談者もそれに引きずられて精神的に参ってしまうことがあります。そのため、こういうときは面談を延期します。無理に行っていいことはありません。時には、面談者が誰かに話を聴いてもらうことも必要です。

いずれにしても、焦らず、数か月かけて重ねる面談は、大きな効果をもたらします。虐待や不適切な対応を未然に防ぐことにつながるとともに、チーム力の向上にも必ず役に立ちます。

10 記録と事故報告書

介護現場ではさまざまな記録がとられていますが、虐待や不適切な対応を防ぐには、利用者さんの「個人記録」（介護記録や生活記録）、ならびに「事故報告書」（インシデント報告書を含む）が不可欠です。

どのような記録にも当てはまりますが、もっとも重要なことは、客観的かつポイントを押さえた記述になっていることです。それによって十分な振り返りができ、ひいては確かな検証が可能となります。

個人記録

利用者さんの個人記録に関しては、インプットとアウトプットの作業が適切に行われなければなりません。つまり、情報を的確に収集・精査し、それを客観的に(データなどを用いて)表現・記述するということです。

現実として、日々の利用者さんに変化は乏しいものです。そのため、いつもと違う事象を見極められる観察力や感性が求められます。特に、虐待を未然に防ぐには、明らかに虐待とは思えない状況であっても、体にできた小さな痣や出血を伴わない擦過傷などについて丁寧に記録として残すことが重要です。

また、日ごろの様子から利用者さんの様子が沈み気味であったり、表情に精彩を欠いていたりするときも記録しておくべきです。日常の中で気づいた違和感は、すべて記録するくらいがよいでしょう。

記録は、後に検証する必要性に迫られたときの重要な資料となります。それにもまして記録が重要なのは、チームとして虐待やその兆しについて注視する意識づけが職員全員に備わることです。

＊インシデント
誤った介助などが行われる前に留まったもの、あるいは誤って実施されたが、結果として利用者に影響を与えるに至らなかったものをいう。俗に「ヒヤリハット」ともよばれる。

事故報告書

虐待でなかったとしても、虐待の可能性の高い、直径3センチを超えるような痣や、出血を伴うような裂傷がある場合は、その原因を徹底的に究明していく必要があります。そのために、いうまでもなく、事故報告書は日々の個人記録よりも重要です。

虐待が起きた場合、チーム内で犯人探しを行い、一職員を追及していくのには難しい一面があります。しかし、このようなときこそ、どのような状況でそれが起こったのか、それは特定の職員によるものなのか、その状況で常に起こりうるものなのかなどをつぶさに検証し、再発を防止するという目的に向かって、職員全員で知恵を絞らなければなりません。

ここで検証が甘いチームは「仲良しクラブ」です。仲良しクラブではなく、本来あるべきチームとして、十分な検証と再発防止を目指す必要があります。仮にそれが虐待ではなかったとしても、このような検証を繰り返すことで、虐待や不適切な対応を未然に防ぐことにもつなげられます。

具体的な検証方法についてですが、まずは、事故が起きたときにきちんと申し送りを行います。明確に原因が解明されていなくても、いつ、どこで、誰がどのような障害を負い、どの職員のどのような場面でそれが起きたのかを簡潔に伝えます。その際、それに伴う対応や気をつけるべき点などを伝えることも必要です。

直属の上司や管理者などにも報告を行います。具体的には、概要を整理し、状況を説明し、指示を受け、すべき対応を実施しなければなりません。まだ事故直後であるこの段階では、原因追究よりもそのときに行わなければならない対応のほうが優先します。ただし、けがをした場所や傷の位置を写真撮影しておくことは必須です。これが、その後、アクシデントなのか虐待かを判断する根拠となる場合もあるからです。

事故報告書の様式にはさまざまなものがありますが、大事なことは、「即時性」「客観性」「具体性」が保たれているかという点です。

即時性とは、事故後、できるだけ早く作成を行うことです。大きな事故や虐待を疑われるような状況の場合、第一報は報告書の形式にこだわる必要はありません。ただし、可能であれば当日に、どんなに時間を要しても1週間程度で、全職員が確認できるよう事故報告書としてまとめることが必要です。

客観性はどのような報告書でも求められますが、日時や関わった職員を明確に記述することは絶対条件です。さらに、客観性を高めるという点では、けがの状況や周囲の様子（家具の配置、床の状況、明るさなど）を撮影した写真を添付しておくことも必要となります。

最後に具体性ですが、その時の状況を、できるかぎり5W1H（いつ、どこで、だれが、何を、なぜ、どのように）に沿って記述するようにします。利用者さんに痣がみられる例では、部位や大きさ、色、広がり具合などをできるだけ忠実かつ具体的に記すことが必要になります。

職員全員が集まる機会には、事故報告書を活用しながら検証をより具体的に行います。事故の再発を防止するための具体策を検討することは必要ですが、虐待の可能性が想定される場合は、疑念となるポイントを洗い出し、職員に強く注意を喚起します。

なお、今後の事故防止のための方策についても、具体的に時期や数値などを掲げて記述することが必要です。「気をつけていく」「対応していく」といった抽象的な表現で終わらせるのは望ましくありません。たとえば転倒事故の防止であれば、当該時間帯の職員の動きや家具の配置、クッションの取り付けなどを具体的に示す必要があります。

事故報告書は、自治体によっては報告が義務づけられているものもあります。そうした報告は当然行わなければなりませんが、状況によってはその後の経過報告なども必要となります。

自治体への報告が必要であろうとなかろうと、作成してすべてが終わるわけではありません。検証も一度ではなく、時間をおいて再検証することも大切です。また、類似の事故が発生した際、前回の事故と照らし合わせて検証するといったことも必要になる場合があります。

いずれにしても、事故報告書やインシデント報告書は、それが本当にアクシデン

	12:15	商品を買い物かごに入れてレジへ。会計時に、田上さんが「外で待ってます」と畳んだ状態の車いすを押して店外に出ようとする。それに付いて行くように他の入居者も外に出ようとしたため、ダイエー出口の段差に注意をするように、大阪さんや佐藤さんの対応をしていたところ、ダイエー出口を出たところの道路で田上さんが左側を下にして転倒。
事故発生時の 各スタッフの状況	岡本（買い物支援中）、澤口（買い物支援見学中）、 藤木、船山（ともにホーム内の入居者支援）	
事故発生後の対応	12:16	田上さんを起こし、外傷や痛みの有無を確認。特に外傷や痛みの訴えはみられない。念のため車いすに乗っていただき、佐藤さんが田上さんの乗った車いすを押して、ホームに帰宅する。
	12:25	藤木から、田上さんが左親指の付け根が痛むとの訴えがあるとの報告。左親指の付け根に腫れはみられないが、外側に向けると痛みの訴えあり。前後や内側に向けたときは痛がる様子はない。
	12:26	岡本がクリニックに報告。看護師よりシップの貼付と温めないようにとの指示を受ける。
	12:30	岡本対応で、置き薬のシップを貼付。その後、ご本人に変化なし。
	18:35	シップを剥がしている。腫れはみられず、ご本人も痛みはないとのこと。
事故発生の 主な原因	◆買い物支援を行う入居者の組み合わせから、自分の支援能力を超過している状態ではないかと感じつつも、そのまま対応を行ってしまったため。そのことから、入居者のリスク管理のポイントが分散してしまった。 ◆車いすを畳んだ状態で歩行したため（車いすを畳んだ状態では接地面が狭く、不安定な状態となる）。	
今後事故発生を 防ぐための方策	◆複数名の外出支援をする場合、入居者の組み合わせを考慮し対応を行う。入居者が行く気になっていたとしても、事情を説明して待っていただくか、買い物を2回に分けて行うなどの対応を行う。 ◆車いすを押して歩行する場合は、必ず車いすを開いて歩行していただく。店内が狭い場合は、広い場所まで戻り、待っていただくか、店員に断りを入れて店内の物品を移動して歩行スペースを作るなどの対応を行う。	

担当者	岡本	チーフ	岡本	代表	林田

事故報告書の記載例

作成日	2016年7月20日	
作成者	岡本武	
被害者	田上久代	
事故対応スタッフ	岡本武	
事故の種類	転倒	
事故発生日	2016年7月20日	
事故発生時出勤者	岡本（日勤2）、澤口（日勤2）、藤木（サブ）、船山（サブ）	
事故発生場所	ダイエー出口付近の道路	
事故発生時の状況	11:00	サブの藤木から日勤2の岡本、澤口に申し送り。岡本から、昼食の買い物は岡本が担当すること、澤口（出勤2日目）に買い物支援の様子を見てもらうために同行してもらうこと、買い物は田上さん、佐藤さんをメインに誘う予定であることを伝える。
	11:45	岡本が、田上さん、佐藤さんに買い物に行かないか誘うと、2人ともに行く気になり、準備を始める。その際に石倉さんも行きたそうな様子がみられたため、田上さん、佐藤さん、石倉さんであれば、岡本1人で買い物の対応ができると考え、石倉さんも誘う。
	11:47	澤口が、居間にいる大阪さんにも買い物に行かないかと誘う。大阪さんも行く気になり、自室に行き、準備を始める。田上さん、佐藤さん、石倉さん、大阪さんの買い物を岡本1人で対応するのはリスクが高いと考えたが、4名の入居者とも行く気になっているため、4名の入居者の買い物支援を岡本が対応し、澤口には買い物支援時の注意点を見てもらう意味合いから後方見守りをするように指示をする。
	11:55	4名の入居者（田上さん、佐藤さん、石倉さん、大阪さん）と岡本が買い物に出かける。澤口は少し離れた位置から付き添う。 田上さんは空いた車いすを押し、大阪さんはシルバーカーを押す。石倉さん、佐藤さんは独歩。田上さん、大阪さんが先行して歩き、石倉さん、佐藤さんとの距離は離れている。岡本は独歩の2人の傍に付き添う。
	12:05	ダイエー到着。入居者4名で店内に入り、岡本が対応。澤口は店外から様子を見る。4名の入居者の転倒リスクを考慮して、田上さんには車いすを押した状態で店内に入っていただくが、店内の通路が狭い箇所もあったことから、途中から車いすを畳んだ状態で歩行していただく。

トなのか、それとも虐待なのか、もしくは今後虐待につながる要素があるのかをあぶりだす有効なツールとなります。また、そこから学べることがたくさんあり、次の事故や虐待を防ぐために不可欠であることは間違いありません。

あとがき

虐待は償うのも挽回するのも難しい

認知症は、さまざまな原因疾患、脳の障害の度合い、一人ひとりの個性などによって千差万別です。しかし、専門職の人たちですら十把一絡《じっぱひとから》げに「認知」などと言ってしまう現状があります。これは恐ろしいことです。

また、人は知らないことに対し、自分の知識や理解の範囲において納得し、安心してしまいます。ここに、虐待や不適切な対応に陥る大きな落とし穴があると考えます。

長年にわたって私は、認知症状態にある方々の暮らしを支え、ともに生活を営んできました。そのことについて考えれば考えるほど、感じれば感じるほど、人の生活には多様性が必要だと思います。多様性を否定したとき、着実に虐待や不適切な対応に向かって進みだします。

私はこれまでの体験から、認知症状態にある方たちから大きな気づきを与えられ、さまざまなことを教えられてきました。

ある暑い最中、Oさんが、坂道を上って買い物からグループホームに帰ってきました。とても大変だっただろうと思う一方、私はその表情の美しさに目を奪われました。どこかで同じような表情を見たことが……。それは、オリンピックのマラソンランナーに似ていました。ゴールに向かってひたむきに走る姿、汗。そして、目の輝き。これとまったく同じ美しさを、認知症状態にある方の日常で見ることができるのだと私は気づいたのです。

認知症状態になると、さまざまな力を奪われますが、そのようななかでも日々精いっぱい生きていると、張りのない怠惰な生活をしている人間よりよほど美しい表情になります。人として気高いと思います。

また、Hさんは、ある日、「私、ご飯もらっていないわ！」と怒っていました。本当は、5分ほど前に食べ終わっていました。ここまでであれば、短期記憶が欠落したのかと思うだけです。この日は違いました。

そのとき、私の隣には友人がいました。その友人に、Hさんは「あなた、ご飯食べたの？」と話しかけました。続いてこう言いました。「私、あなたのご飯食べちゃったのかも。作るわね」と。体が大きかったその友人は、「心配されちゃったかな？」と笑っていました。

Hさんは、自分は食事をしていない（と思っている）にもかかわらず、体の大きな見知らぬ相手に対し、おなかを空かしてはいまいかと気づかったのです。他者を思いやる心とは、なんと素敵なことでしょう。

認知症になればさまざまな能力が奪われることは致し方ありません。しかし、認知症であろうとなかろうと、このように人を思いやる気持ちをもっているほうが、その他にできることよりも何十倍も貴重で大切なことだと私は思います。

OさんもHさんも、人そのものがもっている可能性の素晴らしさを示してくれています。それは、体が不自由になっても、記憶が損なわれても簡単になくなるものではないのです。

最後に、ここで再び、私たちの事業所で虐待を受けてしまったSさんについて書いておかなければなりません。Sさんは、虐待を受けた数か月後に急な発作で亡くなりました。

検査で病院を訪れた際、Sさんは発作を起こし、そのまま入院になりました。当初、病院からの説明では、早ければ2～3日で退院ができそうな話でした。その後1週間しても退院することなく、結局グループホームに戻ることもなく、他界されました。

ホームに戻ってこられると思っていた私は不意を突かれました。急いで、ご遺体のある息子さん宅に駆けつけました。親戚の方たちもまだまばらに集まっている状況でした。Sさんのお顔を拝見すると、息子さんのもとに戻られ、ホッとされているようでした。

ご家族にお悔やみを述べるとともに、虐待について再度お詫びをしました。正直、私はまだ許していただけていないと思っていました。ところが、ご家族は「そのことについては納得しています」とおっしゃってくれました。

虐待に対する十分な挽回《ばんかい》ができていないなかでのことでした。私は、Sさんにもご家族にも、本当に心から申し訳なく思いました。一度起こしてしまった虐待は、償うのも、挽回するのも本当に難しいことです。そのことを思い知らされる結末となりました。

私にせめてもの償いができるとしたら、介護を仕事と決めた皆さんに私の経験を正直に伝えることだと思っています。それによって、虐待をすること、虐待が起きることの怖さに気づいてもらえれば幸いです。そして、虐待を心から防ぎたいと考え、行動してくれることとつながるなら、これほどうれしいことはありません。それが、これまで虐待を受けた数多の方たちに対する償いであり、この本を書いた理由でもあります。

最後になりましたが、この本を執筆するにあたって、ご協力やご理解をいただいた皆様にあらためて感謝申し上げます。そして、この本を書く大きな原動力となったSさんとそのご家族に心からお詫びするとともに、虐待というものが私どもの事業所のみならず、全国の福祉施設からなくなるためにも尽力することを誓います。

林田俊弘

2016年盛夏

PROFILE

林田俊弘

Hayashida Toshihiro

NPO法人ミニケアホームきみさんち理事長

有限会社自在取締役社長

1968年、福岡県生まれ。

銀行を退職後、

デイサービスや特別養護老人ホームなどの介護職を経て、

1999年、グループホーム「ミニケアホームきみさんち」を開設。

現在、都内で計6か所のグループホームを運営する。

東京都地域密着型協議会副代表、

全国グループホーム団体連合会副代表としても活躍。

本書へのご意見・ご感想、
および著者への講演・研修依頼等については、
下記宛てにお願いいたします。

株式会社harunosora編集部
kabu.harunosora@gmail.com
FAX044-330-1744

鼻《はな》めがねという暴力《ぼうりょく》
どうすれば認知症《にんちしょう》の人《ひと》への虐待《ぎゃくたい》を止《と》められるか

2016年7月20日　第1刷発行
2017年2月20日　第2刷発行

著◆林田俊弘《はやしだとしひろ》
発行所◆株式会社harunosora《ハルノソラ》
神奈川県川崎市多摩区宿河原6-19-26-405
TEL044-934-3281　FAX044-330-1744
kabu.harunosora@gmail.com
http://kabu-harunosora.jimdo.com
印刷・製本◆中央精版印刷株式会社
装丁・本文デザイン◆尾崎純郎
イラスト◆横田ユキオ

ISBN978-4-9907364-4-6　C3036
定価はカバーに表示してあります。